W0229519

GABI INGRASSIA

DANKE, GUT genug!

LEICHTER LEBEN

GABI INGRASSIA

DANKE, GUT *genug!*

Perfektionismus entspannt hinter sich lassen

SCORPIO

INHALT

Drittes Kapitel

HERZLICH WILLKOMMEN!

Weg vom Zuviel und hin zu Vielfalt, Farbe und Wohlgefühl?

Viele wollen gerne immer alles superperfekt, wunderschön und bewundernswert gut machen, und das noch dazu mit Leichtigkeit. Sie wollen gut aussehen, stilvoll gekleidet sein, kompetent, gebildet, kreativ und interessant wirken, immer ein guter Gesprächspartner, ein guter Zuhörer, witzig und schlagfertig, hilfreich und offen für alles sein. Sie feilen intensiv am äußeren Schein und leiden unter der inneren Last und Wirklichkeit.

Sind Sie bekennender Perfektionist?

»Schatz, halt, warte! Wenn du mich fotografierst: Bitte denk dran, dass man meinen Bauch und das Doppelkinn nicht sieht, und achte darauf, dass du das Bild von links machst, die Seite ist günstiger. Und: Moment, ich muss noch schnell runterschlucken!«
»Liebling, wie wäre es, wenn ich eine andere Frau fotografieren würde?«

DIE VERWANDLUNG

Ungesunder Perfektionismus führt über kurz oder lang dazu, sich ausgebrannt zu fühlen und irgendwie nie anzukommen. Es ist vielversprechend, sich auf einen anderen Weg zu begeben, um sich ein neues Lebensmuster mit zahlreichen Rastplätzen aufzubauen.
Irgendwann im Laufe Ihres Lebens haben Sie sich aus dem Topf der Möglichkeiten eine zwar hell glänzende, doch auch anstrengende Verhaltensweise ausgewählt. Sich zu plagen und alles gut machen zu wollen schafft, wenn Sie das Ergebnis betrachten, viel Freude und Lust, in der Umsetzung jedoch jede Menge Anstrengung und Frust. Das Ziel, immer den eigenen Ansprüchen zu genügen, kann zu hoch sein.
Vielleicht suchen Sie schon nach Wegen, Ihren Perfektionismus wieder loszuwerden. Vielleicht sind Sie gedanklich auch noch eine Stufe davor und sich nicht wirklich sicher, ob Sie ihn überhaupt loswerden wollen, weil Ihnen das »Gutmachen« doch auch sinnvoll erscheint. Weite Teile Ihres Wirkens geben Ihnen

ein gutes Gefühl, und Sie wollen diese guten Gefühle und auch das Lob für getane Arbeit gern behalten.

Oder Sie haben auch nur von anderen gehört, Sie seien zu perfektionistisch, und spüren selbst auch irgendwie und irgendwo, dass da etwas Wahres dran sein könnte. Auf der anderen Seite wissen Sie nicht genau, was Sie (los-)lassen sollen, und schon gar nicht, wie das funktionieren könnte.

Wie auch immer. Sie halten dieses Buch in der Hand, und ich vermute, Sie wünschen sich eine Veränderung: sehr wahrscheinlich mit dem Ziel der Entlastung und Entspannung, körperlich und seelisch.

∽⚬⚭

Die erste frohe Botschaft lautet: Wären wir alle perfekt, würde man uns wohl Roboter oder Computerprogramm nennen. Damit würden wir uns alle auch immer ähnlicher werden. Die Frage ist, ob wir das wollen. Es kann auch gelten: Je unterschiedlicher wir sind, umso bunter und reicher kann unsere Welt sein.

Die zweite frohe Botschaft am Anfang des Buches ist: Wir fangen vor dem Anfang an. Noch vor allem anderen und somit auch vor dem Perfektionismus gilt:

Alles, was Sie tun, ist gut. Alles, was Sie tun, macht Sinn.

Sie können dieses Buch lesen und für Sie wertvolle Ergänzungen zu Ihrer persönlichen Bereicherung in Ihr Leben einbauen. Sie dürfen auch genauso bleiben, wie Sie sind. So, wie Sie sind, ist es aktuell für Sie und Ihr Leben passend. Und dennoch halten Sie gerade einen Wegweiser in der Hand, der Ihnen eine andere Art des Seins zeigen kann. Ihr Leben könnte einfacher, leichter, entspannter und für Sie eleganter werden als bisher.

Wenn Sie mögen, probieren Sie es aus und entscheiden dann neu.

Viel Spaß und Freude,
Ihre Gabi Ingrassia

So, wie ich bin,
bin ich perfekt.
Ich ändere mich –
wenn ich Lust dazu habe.
So, wie ich dann bin,
bin ich immer noch perfekt.

Erstes Kapitel

Perfektionismus unter der Lupe: So erkennen Sie, welches Lebenskleid zu Ihnen passt

In diesem Kapitel überlegen Sie:

Bin ich's?
Bin ich's nicht?

»———→

Leide ich darunter ...
oder doch nicht?

»———→

Wie findet mein Umfeld
das Ganze?

»———→

Was ist Perfektionismus,
und woher kommt er?

»———→

Wozu nützt er?
Brauche ich ihn?

DER STEIN DES ANSTOSSES

John und seine Frau erwarten Gäste. Das Menü ist weitgehend vorgekocht, den Wein haben die beiden vor dem Frühstück dekantiert, die Musik am Vorabend noch passend für den Geschmack aller ausgewählt. Der Tisch ist dekoriert, die Servietten passend zum Motto des Abends ausgesucht. Doch eine Sache lässt John keine Ruhe. Der Handtuchhalter in der Gästetoilette ist abgebrochen. Seine Frau findet das nicht so schlimm, doch John kann damit schlecht leben. Er saust schnell noch zum Baumarkt. Er ist stolz, alles geschafft zu haben. Verwundert ist er aber abends über die Erregung seiner Frau, weil er, kurz bevor die Gäste kommen, noch schnell den Austausch des Handtuchhalters vornehmen will. So wird seine gute Idee zum Stein des Anstoßes für Streit und Anspannung.

Die Beispiele in diesem Buch sind wahrscheinlich in Teilbereichen ein bisschen anders als das, was Sie selbst erleben. Doch sie erzählen alle von Menschen mit dem starken Drang zum Perfekten. In den Geschichten anderer erkennt man manchmal leichter, wie sich ein Zuviel anfühlt. Man kann aus der Ferne zusehen, aus der Distanz mitfühlen und dann besser auf sich selbst blicken.

DEN STEIN INS ROLLEN BRINGEN

Werfen wir einen Blick in John hinein: Irgendwie wird ihm alles zu viel. In seinem neuen Job ist er schon wieder unglücklich, aber er hat eine tolle Familie – nur gibt es ständig Streit, und er versteht gar nicht, warum. Und dann sind da noch die anderen Wünsche, die nach Geselligkeit, nach Frohsinn und Glück. Und irgendwie gelingt es ihm nicht, alles unter einen Hut zu bringen …
Am Morgen nach der Einladung spürt John zwei unterschiedliche Dinge: In ihm summt ein Wohlgefühl des gestrigen Abends – es wurde dann trotz des Streits noch sehr schön! Und in ihm keimt der Gedanke, dass er das Zuviel in seinem Leben gern bändigen würde. Er fragt sich nur, wie?

Erwischen Sie Ihren Perfektionismus in flagranti.

AN WELCHEM MEILENSTEIN STEHE ICH?

Wie schätzen Sie sich ein? Warum hat Sie dieses Buch angesprochen? Hier können Sie sich zuallererst ein paar Augenblicke Zeit nehmen, um Ihre eigenen Ideen zu Ihrer Person aufzuschreiben und sich daran zu erinnern, was andere schon einmal im Zusammenhang mit unserem Thema über Sie gesagt haben. Danach können Sie sich entspannt von mir in verschiedene Regionen des Themas »Perfektionismus« entführen lassen.

Ich selbst denke, ich bin perfektionistisch, weil ich

_____

_____

_____

Von anderen hörte ich schon mal, dass ich Perfektionist bin, weil ich

_____

_____

Das habe ich schon getan, um weniger perfekt zu sein:

_____

_____

DER CHAOS-TEST

Bitte lesen Sie sich die Aussagen auf der Seite gegenüber durch und streichen Sie zutreffende Sätze an. Ergänzen Sie die Liste in Gedanken durch das, was sie auf der vorangegangenen Seite über sich entdeckt haben. In diesem Test geht es nicht um Vollständigkeit, sondern um ein Hinschnuppern und das Erfassen Ihrer persönlichen Betroffenheit.

Wie gehen Sie selbst mit dem Thema Perfektionismus um?

> Perfektionismus ist das ungesunde und fast zwanghafte Streben, alles im Leben übertrieben gut machen zu wollen, in zu kurzer Zeit und mit zu viel Inhalt.
> Worte, die Sie ständig begleiten, sind »immer« und »überall«. In ihnen findet sich ein zu hoher Druck und eine zu starke Anspannung, die nach Entlastung suchen.

Auswertung

⟶ Die Menge, also das Zuviel, ist entscheidend. Eine Sache selbst macht noch keinen Druck, eine Sache gut machen zu wollen, ist gesunde Leistungsbereitschaft. Es geht um die Masse der Ansprüche und den Zwang und Drang, immer und überall alles perfekt machen zu müssen. Sie haben in diesem unsortierten Durcheinander angestrichen, welche Themen Sie betreffen, und sich mit sich selbst konfrontiert. Wahrscheinlich fühlen Sie sich bei vielen Sätzen angesprochen. Im Verlauf des Buches lernen Sie auseinanderzuhalten: Wo nützt Ihnen der Perfektionismus, und in welchen Bereichen schadet er Ihnen? Sie können beim Lesen immer wieder hierher zurückkehren und die Inhalte auf Stimmigkeit überprüfen. Ganz am Ende finden Sie taugliche Gedanken für ein weniger perfektionistisches Leben. Wählen Sie dort neu aus!

KOMMT IHNEN DAS BEKANNT VOR?

Ich erinnere mich an Aussagen anderer, ich sei perfektionistisch. ★ Ich will immer alles gut machen. ★ Ich empfinde mich als unzulänglich. ★ Ich könnte hübscher, intelligenter, witziger, sportlicher, kreativer, belesener sein. ★ Fehler verursachen mir Unbehagen. ★ Ich versuche, das Unbehagen durch verstärkte Verbesserung meines Tuns zu verändern. ★ Ich denke gern und lang über bestmögliche Aufgabenlösungen nach, manchmal setze ich dann nicht um, was ich mir vorgenommen habe. ★ Ich denke, ich kann vieles besser als andere. ★ Ich habe einen guten Blick für Mangelhaftes. ★ Vieles schiebe ich vor mir her. ★ Fehler anderer kommentiere ich gern innerlich oder erzähle sie Dritten. ★ Mache ich einen Fehler, füge ich mir seelisch noch lange Leid zu, indem ich mich schrecklich schimpfe. ★ Ich habe Angst vor der Entdeckung, ich könnte unzureichend sein. ★ Ich verheimliche anderen, wie viel Anstrengung mich das Fertigstellen bestimmter Arbeiten gekostet hat, indem ich meinen Arbeitsaufwand bagatellisiere. ★ Von meinem Partner höre ich, dass er mir nichts recht machen kann. ★ Ich finde immer genug zu kritisieren. ★ Innerlich lebe ich mich aus, indem ich andere unmöglich finde. ★ Ich liebe es, Verhaltensweisen in richtig und falsch einzuteilen. ★ Ich habe hohe sportliche Ziele. ★ Ich denke, andere haben hohe Erwartungen an mich. ★ Als Kind musste ich immer gut funktionieren. ★ Ich kann es nicht aushalten, wenn die Dinge nicht genau so laufen, wie ich sie mir gedacht habe. ★ Kritik empfinde ich als unerträglich und schmettere sie gern ab. ★ Ich kann nicht über einen Fehler oder eine Unsauberkeit anderer hinwegsehen, ich muss sie darauf aufmerksam machen. ★ Das Mittelfeld im Leben gehört anderen. ★ Gern greife ich nach Kritik zum Telefon und klage einem Freund mein Leid. ★ Lob kann ich schlecht annehmen, vor allem, wenn es von für mich nicht ausreichend qualifizierten Menschen kommt. ★ Lieber vermeide ich ein Vorankommen, als mich einem Kritiker zu stellen. ★ Meine Eltern erwarten, dass ich erfolgreich bin. ★ Irgendwie bin ich nicht da, wo ich sein könnte, und ich leide darunter. ★ Ich fühle mich nicht gesehen in meinem Tun. ★ Ich könnte im Leben weitergekommen sein, als ich es heute bin. ★ Ich habe keine Zeit, meine Wünsche und Träume umzusetzen. ★ Entweder ich mache etwas ganz (perfekt) oder gar nicht. ★ Jemand, der Fehler macht, ist ein Versager. ★ Ich schäme mich sehr, wenn ich Fehler mache. ★ Ich spüre Beschämung körperlich. ★ Ich wünsche mir, immer gut gelaunt zu sein. ★ Ich verbringe oft stundenlang mit unwichtigen Kleinigkeiten. ★ Wenn mir jemand absagt, nehme ich das persönlich. ★ Nur Versager machen Fehler. ★ Ich will bewundert werden.

ES GUT MACHEN WOLLEN

Schwenken wir von John auf Nora: Lassen Sie sich mitten in ihr Leben entführen …

Nora will gern sein wie alle anderen. Sie möchte eine gute Figur haben, entspannt in der Mitte des Lebens stehen – mit einem netten, von allen gemochten Partner. Sie will beruflich anerkannt, bewundert und gelobt sein. Sie will auf der Karriere-leiter in den Himmel steigen, Ratgeberin für alle sein. Sie will jederzeit ein Ohr und Herz für jedermann haben. Sie will vielseitig sein, daher möchte sie gern demnächst auch einen Marathon laufen, zum Ausgleich geht sie neben dem vorbereitenden Lauf-Training zum Kraftaufbau ins Fitnessstudio und besucht auch ein Yoga-Institut (das Yoga-Programm des Fitnessstudios ist ihr nicht herausfordernd genug und der Ort nicht ausreichend meditativ). Im Moment schafft sie es nur einmal die Woche, dort eine Stunde zu besuchen. Angestrebt sind aber drei pro Woche, weil das die Anzahl ist, die sie für empfehlenswert für eine gesunde mentale und körperliche Praxis empfindet. Nora kocht gern. Sie liebt gute Weine, ernährt sich sehr gesund, liest »Stiftung Warentest« und die Tageszeitung regelmäßig. Liest dennoch, wie sie findet, viel zu wenig und empfindet sich überhaupt als zu uninformiert. Ihre Schulbildung hält sie für irgendwie unzureichend. Seit Langem überlegt sie, wie sie dieses Manko beseitigen könnte. Nora möchte gern bald Kinder haben. Insgesamt am liebsten drei. Ihr Nachbar hat ihr neulich ganz stolz die Pausenbox seiner Kinder gezeigt: Vollkornbrote, in Herzform ausgestanzt, belegt mit Äpfeln aus dem eigenen Schrebergarten und selbst gemachter Kräutercreme. Sie hat den Hinweis dazu bekommen, dass man bei den Dosen aufpassen müsse, wegen des Plastiks und seiner Inhaltsstoffe … Sie hat sich gleich eine Notiz in Ihrem Handy gemacht – in ihrer extra angelegten Kartei »Wissenswertes zum Thema Kind, Unterpunkt Schulkind«: Plastik – googeln! Irgendwie ist Nora trotz allen Bestrebens, das Beste zu geben, nicht ganz zufrieden mit sich und überlegt, dass ihr ein bisschen »mehr« an Kunst und Kultur nicht schaden könnte. Gerade hat sie sich einen Ratgeber zum Thema gekauft: »Kunst für Anfänger! Wie Sie ohne

Wissen andere beeindrucken!« Der Teil »ohne Wissen« gefällt ihr zwar nicht, weil sie findet, dass Bluffer ...

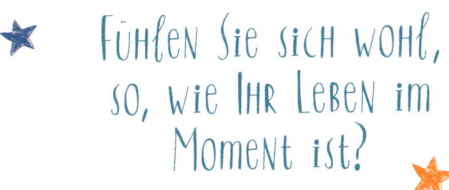

Fühlen Sie sich wohl, so, wie Ihr Leben im Moment ist?

... UND IMMER NOCH BESSER

Nora überlegt sich jeden Tag vor dem Frühstück eine mentale Tagesaufgabe. Sie will gelassener werden, sie möchte sich mehr für ihre Mitmenschen interessieren und nicht immer so drauflosplappern. Sie will endlich ihrer Mutter freier begegnen, sie konnte ihr einerseits irgendwie nie verzeihen, dass sie so abweisend und uninteressiert an ihr war, andererseits findet sie, dass sie nun wirklich erwachsen ist. Sie möchte gern einen reiferen Umgang mit ihr pflegen.

Puh! Können Sie spüren, wie anstrengend Noras Leben sich anfühlt und wie sehr sie sich unter Druck setzt?

Entspannte Momente erlebt sie selten. Manchmal am Abend mit Freunden, aber auch da fällt ihr oft am nächsten Morgen nachträglich quälend ein, dass sie mit der einen Bemerkung jemanden verletzt haben könnte und den anderen Satz nicht

ausreichend ausgeführt hatte, sodass ein völlig falscher Eindruck entstanden sein hätte können. Sie kann sich nur mit Mühe zurückhalten, die betreffenden Personen anzurufen, um das alles wieder geradezurücken.

Nora selbst merkt gar nicht richtig, wie anstrengend das Leben, das sie sich auf- und ausgebaut hat, wirklich ist. Darum wäre jetzt ein guter Zeitpunkt, um innezuhalten.

Werfen Sie in Ruhe einen Blick auf sich, ehe Krankheit oder Burn-out Ihnen ein Bein stellt. Was würde jemand erleben, der in Ihre Haut schlüpfen würde?

IN DER RUHE LIEGT DIE KRAFT

Gibt es den Perfektionisten oder die Perfektionistin? Nein. Unterscheiden kann man vier Arten von Perfektionisten. Die ersten drei werden oft auch von ihrem Umfeld als solche wahrgenommen, die vierte Variante wird häufig fälschlicherweise dem Gegenteil zugeordnet: chronischen Faulenzern oder gar Versagern.

Sehen wir uns zunächst die gewissenhaften High-Speed-Performerinnen an – bei ihnen ist das Ergebnis sichtbar:

1. Der Perfektionist, der alles super machen will und jeden auf seine Fehler hinweist. »Ich muss noch schnell zum Markt, nur da gibt es die wirklich essbaren Tomaten!« – »Oh, guck mal, deine Sodaclub-Flaschen sind ja weit über dem Verfallsdatum!«

2. Die Perfektionistin, die sich heimlich anstrengt und nach außen hin so tut, als wäre »das alles nicht schwer gewesen« und hätte auch kaum Zeit gebraucht. »Och, die Kekse mit dem Buchstabendruck und der lilafarbenen Glasur machen gar keine Arbeit!« Und das, obwohl es schon ewig gedauert hatte, die einzelnen Buchstaben immer wieder neu mit der Pinzette auf den Keksstempel aufzureihen.

Und die Slow-Motion-Performer – bei ihnen gibt es oft kein Ergebnis:

1. Der Perfektionist, der nur unter ganz bestimmten Umständen und mit ganz bestimmten hochqualitativ-wertvollen Mitteln etwas tun kann und dann viel moralische und praktische Unterstützung braucht. »Ich kann mir den richtigen Computer nicht leisten, mit dem ich meine Konzepte gestalten möchte. Mit meiner ollen Kamelle brauch ich gar nicht erst anzufangen.«

2. Die Perfektionistin, die lieber gar nichts tut, weil das Perfekte sich nie realisieren ließe. Nach außen wird sie oft als lässige Nichtstuerin verkannt, innerlich leidet sie jedoch sehr, weil die Träume und Projektideen, die sie hatte, sichtbar scheitern. Das von sich selbst Erwartete ist so unerreichbar, dass sie niemals durchstarten kann. »Ich mach noch schnell die Küche, dann geht's los!« Oder: »Ich muss erst noch die Fotos einkleben, dann fang ich an.«

Fühlen Sie sich nicht gut genug, obwohl Sie viel Lob bekommen?

Nichts ist gut genug, vor allem nicht das, was Sie selbst leisten. Das gewissenhafte »Hochleisten« ist auf Dauer sehr anstrengend, mehr als das gesunde »Immer-mal-Lockerlassen« und Nichtstun der »Slow-Motion-Performer«. Leider sind sich Letztere ihrer Kompetenz des Lockerlassens oft gar nicht bewusst und leiden stark, weil sie es nicht schaffen, ihre Wünsche zu verwirklichen. Ferner gibt es häufig Streit mit dem Partner, weil vieles liegen bleibt, und ebenso, weil dieser oft spürt, dass der oder die Liebste einiges »draufhätte« und »doch nicht zu Potte kommt«.

VERSAGEN, NEU GEDACHT

Sabina hängt gern auf der Couch rum und »chillt« am liebsten beim Fernsehen. Ihr Lebensgefährte kann die oft monatelang herumliegenden Stapel mit angefangenen Projekten schlecht ausblenden. Zwischen den beiden ist das immer wieder ein Streitpunkt. Irgendwann erkennt er jedoch, dass seine Freundin etwas beherrscht, was er gar nicht gut kann: ausruhen, wenn sie müde ist. Gut wäre, wenn sie selbst das Ausruhen in vollem Umfang genießen könnte, denn dann würden sie sich besser regenerieren. Dass sie es nicht genießen kann, liegt daran, dass sie sich völlig unbewusst vor den Fernseher oder ans Computerspiel setzt und ihr die Zeit unbemerkt zwischen den Fingern zerrinnt. Am Ende hat sie nicht das Gefühl, etwas Wertvolles getan zu haben, sondern nur das Gefühl verlorener Zeit.

Geschenkte Zeit zu erkennen gelingt mit bewusstem Wahrnehmen.

ZEITSCHÄTZE ERKENNEN

Praxistipps

Es gibt eine ganze Reihe Ideen, wie Sie lernen können, Zeit wertvoll zu nützen und das Gefühl des Versagens während der Ruhe in den Hintergrund zu drängen.

Ich bin, wie ich bin, und das ist gut so

⭐ Für diejenigen unter Ihnen, bei denen die To-do-Listen immer länger werden und kein Ende in Sicht ist: Akzeptieren Sie sich, wie Sie sind. Nehmen Sie bewusst wahr, wenn Sie nichts »Sinnvolles« tun und Löcher in die Luft starren. Beginnen Sie, Ihre Fähigkeit zum Abschalten immer mehr und mehr wertzuschätzen. Sie haben hier eine Kompetenz, die sich andere erst erarbeiten müssen. Genießen Sie achtsam und mit gutem Gefühl!

Bewusstsein schafft eine neue Bewertung

⭐ Der kleine Unterschied zwischen dem, was wir sowieso tun, und dem, was Veränderung oder gar Heilung bedeutet, ist oft nur das wachsame Wahrnehmen und positive Bewerten dessen, was wir tun. Eine Möglichkeit zu bewussterem Umgang mit dem Abschalten ist: Stellen Sie sich einen Wecker, der alle zehn Minuten läutet, und halten Sie dann für einen kurzen Moment inne, um folgenden Satz zu inhalieren: »Ich erhole und regeneriere mich, ich genieße das Nichtstun«. Setzen Sie sich gleichzeitig eine Obergrenze für Ihre Entspannungszeit. Nach Ablauf dieser Zeitspanne prüfen Sie nach, ob die Erholung ausreicht oder nicht.

Lust auf Veränderung

⭐ Verändertes Wahrnehmen und Bewerten zieht häufig Lust auf Veränderung nach sich. Sie bekommen mehr Energie. Nach einer Weile könnten Sie sich eine tägliche Maximalgrenze des Ausruhens setzen. Im zweiten Schritt genießen Sie wiederum Ihre »Pausenzeit« ganz bewusst. Schließen Sie die freie Zeit dann ab mit den Worten: »Ich bin erholt und regeneriert und habe jetzt Kraft und bin voller Tatendrang.«

Zeit-Schatz I

⭐ Überlegen Sie sich, wo Ihre Ansprüche (zu) hoch sind, und auch, wo Sie »tiefer stapeln« könnten. Gehen Sie ab und zu auch mal zum Discounter ums Eck, einfach nur, weil er nah ist und es bequem ist, dort einzukaufen. Essen Sie ruhig auch mal einen Fertigkuchen, anstatt ihn immer selbst zu backen. Organisieren Sie sich eine Haushaltshilfe, vielleicht kann sie manches nicht so gut wie Sie, aber Sie können Ihren Arbeitsaufwand reduzieren. Nur noch die ganz kniffeligen Sachen machen Sie selbst. Es geht hier darum, sich selbst auf die Schliche zu kommen und etwas anderes auszuprobieren, und nicht darum, diese Veränderung ein Leben lang beizubehalten.

Zeit-Schatz II

⭐ Finden Sie heraus, wie viele Dinge Sie jeden Tag für sich machen und wie viele für andere – fragen Sie sich bei möglichst vielen Handlungen, für wen das Ergebnis bestimmt ist. Führen Sie sich mithilfe eines Bildes, einer Strichliste oder von Geldstücken vor Augen, wie unterschiedlich die Verteilung ist. Dann überlegen Sie sich, was davon Sie streichen wollen und können.

Zeit-Schatz III

⭐ Finden Sie heraus, wie viel Zeit Sie wirklich wofür brauchen. Gern dürfen Sie die Stoppuhr-Funktion Ihres Handys benützen. Überlegen Sie, wo unnütze Zeitfresser sitzen. Wie lange hören Sie Ihrer Kollegin zu und suchen nach immer neuen Tipps und Empfehlungen für sie. Wie lange recherchieren Sie im Internet, um die optimale Kühlschrankauslastung herauszufinden, und wie lange feilen Sie an der PowerPoint-Präsentation? Wie lange haben Sie sich außerhalb Ihres Jobs vorbereitet, Dinge gelernt, Fortbildungen besucht und Erfahrungsberichte gelesen, ohne dass es erforderlich gewesen wäre? Mit der gewonnenen Zeit aus den letzten drei Punkten gewinnen Sie Raum zum Faulenzen oder für die Dinge, die Sie schon immer mal tun wollten.

Versuchen Sie zu reduzieren. Gehen Sie innerlich auf Teilzeit.

WAS IST WAS, UND WARUM IST ES, WIE ES IST?

Zurück zum herkömmlichen Perfektionismus. Das Streben nach Vervollkommnung an sich ist kein Makel. Perfektionisten wollen alles oft nur in zu kurzer Zeit, zu genau und davon zu viel umsetzen.

WOHER KOMMT'S? EIN QUICK-BLICK

Am Anfang unseres Lebens kommt die Erziehung und dadurch die Entwicklung eines bestimmten persönlichen Denkstils: »Wenn ich alles gut mache, werde ich geliebt.« Und schon sind sie geboren, unsere Fallstricke: Perfektionsdrang und Fehlervermeidungswunsch. Als Nächstes kommt es zur Denk- und Verhaltensanpassung. Be- und Entwertungsmuster der eigenen Person und auch der anderer Menschen entstehen aus dem Wunsch nach Aufwertung und Wohlgefühl. Gewohnheitsmechanismen bei verschiedenen Verhaltensweisen verhärten sich wiederum dadurch, dass wir erkennen: Ich kann die Stimmung anderer Menschen und auch meine eigene manipulieren und so mein Wohlbefinden regulieren.

Zufallsprodukte wie die interessante und gern angenommene Möglichkeit zur Abgrenzung (»Je mehr ich zu tun habe, umso besser kann ich sagen, dass ich nicht zu Besuch kommen kann!«) oder Glücksgefühle bei tollen Ergebnissen meines Tuns untermauern den Perfektionismus.
Dazu kommen der Geist der Vergangenheit (ein eher unglücklicher Umgang mit Fehlern in Schule und Gesellschaft) und der Geist unserer Zeit: die Optimierungssucht.

EIN TIEFERER EINBLICK

Schauen wir etwas genauer nach, was auf Menschen einwirkt, die bereits zum Perfektionismus neigen.

Geist und Zeit
Zäumen wir das Pferd von hinten auf: Die Zeitungen und Zeitschriften sind aktuell voll von Berichten über Optimierung. Es gibt mittlerweile sogar eine ganze Optimierungsbewegung. Seit einiger Zeit verkauft der Handel Armbänder, getarnt

als Uhren, die unser Leben vermessen wollen. Ziel ist, dass wir durch die gesammelten Informationen besser, gesünder, sportlicher und älter werden und die Informationen nebenbei auch anderen Menschen zur Verfügung gestellt werden können. Durch bestimmte Video-Überwachungssysteme können Mitarbeiter ganz genau erfasst werden: Man erfährt, wann Sie, wo, wie viel Zeit, womit verbringen, und kann so geschickt an Leistungsoptimierung arbeiten. WhatsApp, Facebook und Co. sind Programme, die dem Smartphone-Besitzer einerseits wunderbare Kommunikation und Kontaktvielfalt ermöglichen, andererseits jedoch Druck ausüben: Wir fühlen uns verpflichtet, immer und jederzeit eine witzige kurze und treffende Antwort zu geben. So kann das angenehme Gefühl von Verbundenheit zu einer unangenehmen Last werden. Viele strömen in die Yoga-Kurse. Manche, um sich zu regenerieren und aufzutanken. Es gibt allerdings auch die Fraktion derer, die sich optimal erholen und aufladen wollen, um noch mehr Kraft und Energie in Bestleistungen stecken zu können.

Das funktioniert irgendwann nicht mehr, und so kann auch der Besuch des Yoga-Studios zur Überforderung führen oder auch zu Minderwertigkeitsgefühlen, wenn die Kraft zum bloßen Hingehen nicht mehr ausreicht.

Fehlerfreundlichkeit

Hier haben wir ein Wort, das viele noch nie für sich angedacht haben. Das ist schade, denn aus Fehlern lernen wir. Viele gehen leider mit Verhaltensweisen, die sie als falsch interpretieren, ungünstig um. Dadurch dreht sich die Leidensspirale weiter. Das bedeutet, wenn jemand etwas macht, was nicht besonders glücklich war, wird er versuchen, abzulenken oder es zu vertuschen, weil er Angst hat, ausgelacht oder gemaßregelt zu werden. Damit wird der Lernerfolg schwierig. Es gibt heute noch Lehrer, die Mülltonnen in Schulhefte stempeln, wenn sie der Meinung sind, ein Kind hat eine Aufgabe schlecht oder unsauber erledigt.

Wir alle kommen aus einer Vergangenheit der »Fehlerunfreundlichkeit«. Die Erziehungsstile verändern sich seit einigen Jahrzehnten – weg vom drastischen und lautstarken Fehleralarm hin zu freundlichem Hinweisen, doch die alte Scham der Vorgenerationen sitzt uns immer noch in den Knochen und kann aus manch einem Hirn und Herzen schlecht verbannt werden.

Was ist ein braves Kind? Ein braves Kind ist ein Kind, das angepasst ist, Freude macht und nicht stört. Viele dieser Kinder, die immer gut funktionieren mussten und deren Eltern hohe Erwartungen an sie hatten, denken, dass sie nur geliebt

werden, wenn sie auch alles gut und richtig machen. Sie bemühen sich und strengen sich an, und wenn sie doch mal etwas falsch machen, dann dröhnt ihnen die Scham darüber schmerzhaft im Körper. Es ist ein Lerngeschichtenkreislauf. Mache ich etwas gut, bekomme ich Lob.

Was genau das ist, was ich gut mache, weiß ich oft nicht, weil intensives Lob oft zu unkonkret und unspezifisch ausfiel oder »nicht geschimpft schon gelobt« war. Dadurch entsteht Unsicherheit im Selbstbild. Dazu addiert sich, dass eigene Bedürfnisse (nach Verständnis, Körperkontakt, Wahrgenommen-Werden oder Trost) oft unterdrückt werden, weil sie unerwünscht sind. Es bleibt die Möglichkeit, über »viel«, das heißt über gute Leistungen und »braves Verhalten«, zu

mehr Wohlgefühl zu kommen und dabei in Kauf zu nehmen, nicht genau zu wissen, »wie es denn funktioniert hat«, und damit eine Schieflage im Selbstbewusstsein zu akzeptieren.
Zu zusätzlichem Schrecken führt genauso, wenn Freunde geschimpft oder wegen schlechter Leistungen ausgelacht werden. Wir fühlen mit. Kinder spüren das Geschehen am eigenen Körper.

Der »Wie kann man nur«-Drang
Erziehung und Erfahrung verfestigen Charaktereigenschaften – und besonders auch die des Perfektionismus. Gleichzeitig und parallel baut sich eine wackelige Idee auf von »Das kann ich doch besser!« – besser als die anderen. Es wurde ja auch immer betont: »Das kannst du doch besser, wenn du nur willst.« Leise Selbstgespräche ermöglichen, Druck abzulas-

sen: »Wie kann meine Kollegin das nur so locker sehen und sich immer viel eher aus der Arbeit stehlen, als es ihr zusteht?« – »Wie kann man nur mit so einer Hose auf die Straße gehen?« – »Wie kann man nur so viel Schokolade in sich hineinfressen?«

Zum »Wie kann man nur« gesellt sich die eigene Unsicherheit: in der Arbeit nicht gut genug zu sein, schlecht gekleidet aus dem Haus zu gehen oder zu unförmig zu sein …

Stimmungsmanipulation

Ein ständiger Begleiter der Perfektionisten ist das Unwohlsein oder, wie gerade benannt, die Angst. Manch eine Art des Denkens (»Wie kann man nur?«) löst den Druck für einen sehr kurzen Zeitraum und lenkt ab von den eigenen Unzulänglichkeitsgefühlen. Je länger es jemand schafft, sich innerlich mit einer anderen Person und deren Mangelhaftigkeit zu beschäftigen, umso länger wirkt dieses Mittel gegen den Schmerz. Irgendwann verselbstständigt sich das Ganze und dreht sich um die eigene Achse.

Je mehr die Gedanken und Taten darum kreisen, was alles noch besser und noch häufiger zu tun ist, umso weniger Zeit bleibt, bestimmte andere Dinge zu erledigen, die als unangenehm empfunden werden. So kann auf angenehmere Art und Weise verhindert werden, ansprechen zu müssen, dass man bestimmte Menschen nicht treffen will oder bestimmte andere Sachen zeitlich »leider« nicht mehr unterkriegt. Das Betrachten des perfekt Gemachten erfüllt mit Stolz – für einen kurzen Zeitraum.

Was macht Sie nachhaltig glücklich?

Kreisel durchs Leben

Wir bewegen uns wie ein bunter Kreisel durch den Alltag. Wir wollen gesehen werden und geliebt, fühlen uns jedoch ungeliebt und abgelehnt oder vom Schicksal vernachlässigt und überanstrengt. Wir erfinden einen Mechanismus, der unsere Seele balsamiert und uns ruhigstellt, den Perfektionismus. Es ist eine Wahl aus dem Potpourri der Möglichkeiten, die uns unser Leben scheinbar leichter leben lässt. Und die Wahl macht vorerst Sinn. Die Verhaltensweisen, die wir uns aussuchen, verschaffen uns – zumindest momentan – Erleichterung. Langfristig baut sich Druck und Anspannung auf. Überforderungs- und Überlastungsgefühle entstehen. Wir kommen nie an. Puh!

Besser ein
DIAMANT
mit EINEM FEHLER
als ein
Kieselstein OHNE.

Konfuzius

EIN TEST ZUR MENGENLEHRE

Den Perfektionismus-Identifikations-Test ganz zu Anfang haben Sie bereits gemacht, jetzt geht es darum, das Ausmaß dessen zu erfassen, was Sie tun, und Ihren subjektiven und ganz privaten Störungsgrad herauszufinden. Ziel ist, sich bewusst zu machen, wie es in Ihrem Kopf und in Ihrem Herzen aussieht.

Nun können Sie anfangen, loszulassen, zu verändern oder es auch bewusst so zu belassen, wie es ist.

WIE DENKE ODER HANDLE ICH – UND WIE OFT?

Viele Verhaltensweisen oder Denkmuster zeigen, wie sehr der Perfektionismus Sie im Griff hat. Doch schauen Sie selbst.

Selbst-Beruhigung mit Hoffnung auf Lob (SBHL)

Wie oft entschuldigen Sie sich für das, was Sie tun oder getan haben? »Es tut mir wirklich leid, das letzte Mal, als ich das gekocht habe, schmeckte es wirklich gut, ich bin heute aber später aus der Arbeit gekommen, und darum konnte ich nicht mehr zum Bio-Laden, um die Pilze zu holen, und mit denen würde das sehr viel besser schmecken!«

Wie kann man nur? (Wkmn)

Wie oft denken Sie »schlecht« über die anderen? In dem Sinne, dass sie etwas weniger gut machen, ungeschickt sind, etwas »Blödes« tun, unbedarft sind … Typische Sätze lauten: »Wie kann man nur in dem Alter die Kinder schon alleine lassen?« – »Wie kann man nur in die Oper eine Jeans anziehen?« – »Wie kann man nur so lange für diesen Bericht brauchen?«

Fehlerfreundlichkeit (FF)

Können Sie es aushalten, wenn Sie oder andere Fehler machen? Oder können Sie nicht umhin, den anderen darauf hinzuweisen. »Oh, Sie haben da einen Fleck auf dem Pulli!« – »In Ihrer Excel-Datei fehlt in Zelle H17 der linke Rahmenstrich!« – »Das Wort ist falsch geschrieben!« – »Fehlt da im Kuchen das Vanille-Aroma?«

Demut und Schicksal (DS)

Können Sie es aushalten, dass Ihre Hose voll von Dreckspritzern ist, weil es regnete, ohne das zu erwähnen? Können Sie ohne mehrfache Entschuldigungen und inneren Leidensdruck einer anderen Person begegnen, die den Pickel in Ihrem Gesicht sehen kann oder Ihre zu kurz geratenen Haare?

Seltsamer Kontakt zu sich selbst (SKs)

Können Sie sich loben und ermutigen und sich prima finden, wie Sie gerade sind? Oder beschimpfen und kritisieren Sie sich andauernd?

Die genannten Abkürzungen können Sie verwenden, falls Sie eine Strichliste führen wollen. Stecken Sie sich einfach ein kleines Vokabelheft in die Hosen- oder Handtasche, dann können Sie jederzeit Notizen machen. Versuchen Sie, die Art und die Anzahl Ihrer Gedanken zu notieren (SBHL, Wkmn, FF, DS, SKs).

WAS DAVON STÖRT MICH WIE SEHR?

Schätzen Sie das Ausmaß der Unlust ein, das die jeweiligen Verhaltensweisen bei Ihnen auslösen. Sie können eine Skala von 1 bis 10 wählen. 1 bedeutet: Das (Denk-)Verhalten stört mich ganz wenig. 10 bedeutet: Es stört mich maximal.

So können Sie für sich selbst besser einschätzen, was Sie wie oft am Tag tun und wie hoch Ihr Leidensdruck ist.

So Sie keine Lust auf Notizen haben: Geben Sie jedes Mal, wenn Sie die oben beschriebenen Gedanken haben, Geldstücke in gefühlter Höhe (1 bis 10) oder auch Kieselsteine in ein Glas. Der Vorteil der Notizen, der Kieselsteine oder der Geldstücke ist, dass Sie sich daran erinnern, dass Sie etwas verändern wollten. Das beugt erstens dem Vergessen und zweitens dem automatisierten Rückfall vor. Zudem erhöht es Ihre Wachsamkeit.

Sinn und Zweck der Übung ist es, ein Bewusstsein zu schaffen für Überdruck im System und auch dafür, was Sie mögen oder umgekehrt gerne abschaffen würden. Nicht alles wird sich gleichermaßen ändern lassen. Fangen Sie da an, wo es leicht geht.

GUT GELOBT IST SCHON GEWONNEN

Praxistipps

Die Fähigkeit, gute Leistungen anzuerkennen und wertzuschätzen, kann man trainieren – seien es die anderer oder die eigenen.
Hier einige Ideen für den Start.

⭐ *Richtig loben*

»——→ Richtiges und wirkungsvolles Lob sollte konkret sein und am Beispiel erfolgen. Nicht allumfassend, wie etwa »Du kannst aber gut töpfern«, sondern: »Du hast eine ungewöhnliche Vasen-Form geschaffen, die an einen Delfin erinnert, es muss sehr kompliziert gewesen sein, diese Idee umzusetzen, und das Ergebnis gefällt mir wirklich gut. Die Kombination mit dem wunderschönen Blau für den Rand verstärkt den Eindruck noch. Beeindruckend!«
Versuchen Sie, Ihr Lob für andere genau zu formulieren! Nutzen Sie jede Gelegenheit zum Üben, am besten mit Gegen- oder Umständen, die Sie selbst geschaffen haben.

⭐ *Lob-Fotos*

»——→ Sie könnten ab sofort beginnen, mit der Kamera Ihres Smartphones Dinge ins Bild zu bringen, die für Ihre Kompetenz stehen. Fotografieren Sie Dankeskarten oder die Kollegin, die Sie gerade gelobt hat, den Namen Ihres Feedback-Gebers oder die aufgeschriebenen Worte. Das Ergebnis soll sein, dass Sie ein buntes Bild von Dingen erhalten, die Sie können, konnten, gestalten und gestaltet haben.
Das Gute verliert sich schneller als das Negative, darum ist es wichtig, das Positive »warm zu halten«. Wahrscheinlich ist, dass Sie viele Bilder sammeln können (weil Sie ja auch viel tun und viel schaffen) und sich somit auch vor Augen führen können, in welchem Umfang Sie gut und kompetent sind. Verwenden Sie die Fotos doch als Bildschirmschoner, dann vergessen Sie nicht so leicht wieder, wie gut Sie sind!

»Anerkennung ist der Sauerstoff für menschliche Beziehungen.«
Sprichwort

⭐ Lob-Training für harte Nüsse

»⟶ Manch eine(r) kann sich selbst schlecht loben. Deshalb ist es besser, Sie fangen mit Ihrem Umfeld an. Suchen Sie sich jeden Tag drei Personen aus, die Sie loben könnten. Überlegen Sie ganz genau, was bemerkenswert am anderen ist. Stellen Sie es für sich im »Stillen« fest, und machen Sie sich Notizen.

⭐ Lobschachtel für die Partnerschaft

»⟶ … oder die Familie. Wir gehen immer davon aus, dass unsere Lieben »eh wissen«, dass wir sie toll finden. Basteln Sie gemeinsam für jedes Familienmitglied eine Schachtel, in die jeder jedem und jederzeit Lobzettel legen kann und darf. Von »Ich liebe dich« über »Danke, dass du mir jeden Tag einen wunderbaren Kaffee kochst« darf alles darauf stehen …

⭐ Lob-Glück per Post

»⟶ Basteln Sie Lob-Karten. Verteilen Sie Kärtchen und Briefkuverts an Freunde und Verwandte oder Kollegen und Kolleginnen, und bitten Sie sie, Ihnen ein Feedback zu den Dingen zu geben, die Sie gut können und die Sie liebenswert machen. Die anderen Personen sollten sich, wenn möglich, Zeit nehmen und Ihnen die Karten bei Gelegenheit zuschicken. Wenn Sie Kollegen oder Freunde in Ihre Idee einweihen, kommt es sicher auch nicht zu unerwünschten Kommentaren.

⭐ Lob sammeln

»⟶ Wofür können Sie sich selbst loben? Was können Sie gut oder gar sehr gut? Und warum genau können Sie genau das gut? Was macht Sie tatsächlich besser als andere? In welchem Bereich? Und warum? Sammeln Sie Lob für sich selbst, und notieren Sie es!

WAS VOR DEM HEUTE WAR

Am Anfang war Erziehung, und damit tauchen unsere Vorfahren auf. Hier skizziere ich Ihnen eine kurze Hintergrundgeschichte über Sein und Schein von Perfektionismus als Überlebensstrategie und als Haltegriff ganzer Generationen.

Wir sind Nesthocker und werden auf Gedeih und Verderb hineingeboren in unsere Kernfamilien. Wir wollen uns gern anpassen, denn wenn wir den anderen um uns herum ähnlich sind, steigt die Chance, akzeptiert zu werden. Die anderen sind nun nicht grundsätzlich streng, aggressiv, boshaft oder eben perfektionistisch. Sie unterliegen einfach nur bestimmten Wirkprinzipien: Sie sind wiederum Kinder ihrer Eltern und leben in einer bestimmten Zeit.

In unserer Vorgeschichte gab es Kriege, Flucht und Traumata, und das bedeutet, dass nicht alle unbedingt auch psychisch direkt in eine rosafarbene Welt hineingeboren wurden. Eher ging es darum, Ängste auszublenden und Gefühle zu unterdrücken, weil Emotionen eine direkte Nervenbahn zum Vergangenen legten und damit das darunter schlummernde Drama berühren konnten. Traumata auszublenden und sich in einer neuen Realität zurechtzufinden wurde die Hauptaufgabe einer ganzen Generation. Es gab bestimmte Regeln und Übereinstimmungen – um 12.00 Uhr gibt es Mittagessen, um 15.00 Uhr Kaffee, um 20:00 Uhr werden Nachrichten geschaut und freitags gibt es Fisch – und daran wurde nicht groß gerüttelt. Wie richtiges Lob aussieht, wie man Kinder gut motiviert oder auch wertvoll tröstet, wurde nicht überlegt, dafür gab es vielerorts weder die Zeit noch den inneren Raum, denn das hätte wiederum auch eine Berührung mit den eigenen Gefühlen bedeutet.

Im Gegenteil, es war entscheidend, eine Möglichkeit zur Ablenkung zu finden und diese Dinge dann »gut zu machen«: Geld anhäufen, einen stabilen Ruf haben, ein schönes Haus am besten selbst bauen ... Viel zu tun bedeutete: viel Ablenkungsmöglichkeit. Vieles sehr gut zu tun bedeutete: noch mehr Ablenkungspotenzial.

DER WEG ZUM BRAVSEIN

Kinder wünschen sich, ohne Bedingungen geliebt zu werden. Sie wollen, so, wie sie sind, mit allen Fehlern und Neigungen, Wünschen und Bedürfnissen akzeptiert werden: UNPERFEKT eben. Falls diese Wünsche nicht befriedigt werden können und das Kind nicht so gesehen wird, wie es ist, entrollt sich ein Programm, das versucht, den maximal möglichen Lustgewinn und die maximal mögliche Aufmerksamkeit zu erhalten – und wenn es nun in einer Familie nur möglich ist, das über das Brav- und Angepasstsein und über gute Leistungen zu schaffen, dann versuchen die Menschen, sich genau so zu verhalten. Und so werden die »braven« und angepassten Verhaltensweisen über Generationen »vererbt«.

WORIN ZEIGTE SICH DER PERFEKTIONISMUS? WAS HAT TRADITION?

NEUANFANG: ALTES NEU BEDENKEN

Ohne gleich in der Tiefe zu graben oder sofort eine Psychotherapie zu machen und auch ohne die Verhaltensweisen unserer Vorfahren zu bewerten, lohnt sich ein kurzes Hineindenken in die folgenden Fragen:

Wie war das in meiner Familie? Wie ist/ war der Umgangston? Wer wurde wie, wann, wo und warum gelobt? Wie war/ist der Umgang mit Fehlern? Wie perfektionistisch sind alle? Wer bekommt Liebe und warum? Wer beneidet(e) wen dafür? Aus »welcher« Vergangenheit kommen die Mitglieder meiner Familie? Was ist mit ihnen geschehen? Wie wurde und wird über andere, außerhalb der Familie stehende Menschen, gesprochen? Oder andersherum: Wer hat die Sofakissen zurechtgerückt, den Stuhl wieder einen Zentimeter weiter nach links drapiert? Wer stupste die Fußabstreifer gerade?

DEN PERFEKTIONISMUS-SCHALTER FINDEN

1

Wer und was bin ich?

Ich bin vieles, doch auch das Produkt eines Erziehungsstils. Bei strengen Eltern ist es zum Beispiel wichtig, alles so gut wie möglich zu machen, andernfalls droht Gefahr. Umgekehrt kann auch eine grenzenfreie Erziehung Unsicherheit auslösen. Ich fühle mich oft nicht gesehen und versuche dann vielleicht ein Leben lang, über gute Leistung wahrgenommen zu werden.

2

Wie fühle ich mich?

Ich schäme mich, weil ich nicht gut genug bin. Ich habe gute Noten nach Hause gebracht oder auch schlechte. Es war nicht besonders wichtig. Daher versuche ich heute, immer besser und besser zu sein. Ich erhalte jedoch nicht die Reaktion, die ich mir wünsche, von den Menschen, die mir wichtig sind.

3

Was mache ich damit?

Das, was ich damals erlebt habe, wirkt bis heute. Ich versuche, die unangenehmen Gefühle, meine Scham- und Minderwertigkeitsgefühle, zu umgehen oder zu vermeiden. Es gelingt mir kurzfristig über Leistung. Mein Perfektionismus entspannt mich zuweilen. Das hält nicht lange vor, aber für eine kurze Zeit geht es mir gut.

4

Was die Zeit macht?

Ich reagiere automatisch auf bestimmte Menschen so, wie ich damals in meiner Familie reagiert habe. Meine Chefin löst in mir die gleichen Unzulänglichkeitsgefühle aus wie damals mein Vater. Selbst eher unwichtige Personen haben die Macht, in mir Schamgefühle hervorzurufen. Es hat sich ein Automatismus entwickelt.

5

Wie ich mit der Gesamtmenge an Belastung umgehe

Zuweilen verschaffe ich mir Erleichterung, indem ich über andere herziehe oder mir denke, dass viele vieles nicht können und unfähig sind. Ich will das eigentlich gar nicht, und ich mag mich so auch nicht –und trotzdem kommen diese Gedanken immer wieder.

6

Und wie ich dann noch mehr vom Gleichen tue

Anstatt mich selbst zu trösten oder nach netten Menschen zu suchen, schimpfe ich mich aus. Häufig denke ich: »Wie konnte ich nur?«, und ich verspanne mich mehr und mehr. Ich fühle mich oft nicht wohl mit mir und wünsche mir, dieser Dauer-Leistungsdruck würde einfach verschwinden.

Erkennen Sie sich wieder?
Abhilfe findet sich im zweiten Kapitel!

Zweites Kapitel

Zeit für Veränderung: Probieren Sie neue Muster aus

In diesem Kapitel erfahren Sie:

Wie lerne ich mehr
über mich?

»——→

Was mache ich
mit den Informationen?

»——→

Was kann ich an mir ändern?

»——→

Und wie mache ich das?

»——→

Warum sollte ich das tun?

DAS OPTIMUM

Peter ist stolz darauf, wenn seine Freunde und Kollegen ihn für verrückt erklären, weil er jeden Tag nach der Arbeit – in der er oft gern länger verweilt als andere, die er innerlich und insgeheim als Schwächlinge betitelt – sein Fahrrad aus dem Keller holt und mindestens 60 Kilometer damit zurücklegt. Für ihn ist das wichtig: ein bisschen mehr geben, als alle anderen es tun. Seine Frau beklagt sich häufig, dass sein Hobby sehr viel Zeit in Anspruch nimmt, doch das erreicht ihn kaum, denn wenn sie nur wollte, könnte sie doch mithalten. Ihr scheint es hingegen lieber zu sein, sich um ihre Tochter zu kümmern. Letztere erscheint ihm nur ein Vorwand zu sein. Seine Frau hat sich überhaupt sehr verändert in letzter Zeit. Aus der sportlichen, aktiven, sexuell interessierten Partnerin ist eine Langweilerin geworden, die sich darüber freut, dass das Kind banale Kreise auf ein abgerissenes Stück Papier malt. Er hat ihr schon vorgeschlagen, zur Paartherapie zu gehen, damit sich ihre Beziehung und seine Frau wieder zu dem zurückentwickelt, was sie einmal waren. Manchmal nimmt er sich fest vor, dass er heute, wenn er heimkommt, eine lustige Bemerkung macht und sich zu seiner Familie setzt. Doch wenn dann sein Blick auf bestimmte Dinge fallen, die er schon 1000-mal angemerkt hat – zum Beispiel die Fenster zu schließen, wenn geheizt wird – und die immer noch nicht funktionieren, explodiert er einfach. Alles, was Peter macht, ist effektiv – das weiß er von sich selbst. Seine Kollegen empfinden ihn manchmal als seltsam übertrieben in seinem Tun und erleben ihn als angespannt. Sie denken, dass er sich selbst mehr Bedeutung zumisst, als ihm zusteht. Seine Praktikantin leidet oft darunter, dass ihm ihre Arbeiten nie gut genug sind. Er hat eine Begabung dafür, Haare in der Suppe zu finden, die andere gar nicht wahrnehmen. Peters Chefin wünscht sich in den Mitarbeitergesprächen wiederholt, er möge effektiver arbeiten. Sie meint, er solle weniger detailverliebt sein und Dinge auch mal stehen lassen – und sie nicht 50-mal überprüfen. Peter denkt über seine Chefin, »sie habe keine Ahnung, wie die Dinge zu behandeln seien, und habe ihren Posten sowieso nur über Beziehungen erhalten«. So weit die Außenaufnahme! Schauen wir nun nach innen.

DAS LEID UNTER DER FASSADE

Peter weiß, dass ihm Sport guttut, weil er ihn von seinen Sorgen ablenkt. Nach 20 Kilometern geht es ihm langsam besser, und er konzentriert sich nur noch auf den Weg vor sich. Das gute Gefühl, nur sich und seinen Körper zu spüren, hält an, bis er heimkommt und seine Frau und sein Kind beim Spielen vorfindet. Dann meint er, er hätte etwas verpasst. Eigentlich fühlt er sich aus der Zweisamkeit ausgeschlossen. Er wär gern dabei und weiß nicht, wie er in Kontakt gehen kann, er fühlt sich gleichzeitig als Störenfried. Sein Vater hat ihm einmal erzählt, er wünschte, er hätte mehr Zeit mit ihm und seinem Bruder verbracht und wäre nicht so streng mit ihnen gewesen – so richtig kennengelernt hätte er entspanntes Spielen ohne Zweck und Plan nie. Vom Vater hat er auch gelernt, dass er, wenn er sich richtig anstrengt, auch erreicht, was er erreichen will. Und das hat Peter sich zum Ziel gesetzt: Er will sich anstrengen, um voranzukommen. Manchmal ist das ganz schön schwer. Peter nimmt sich vor, heute besonders fröhlich zu wirken, doch als er die gekippten Fenster im ganzen Haus bemerkt, ist das wie ein Dolchstoß: »Kümmert sich denn nie jemand um meine Bedürfnisse?« So nimmt das Geschehen seinen Lauf …

Das Fenster dient als Ventil, den Überdruck zu entladen.

Falls Sie sich in diesem Beispiel (teilweise) wiederfinden, bedenken Sie: Es geht darum, das Zuviel zu reduzieren und leichter und froher zu leben, denn das Zuviel funktioniert vielleicht gerade im Moment noch, und gleichzeitig besteht bereits jetzt das Gefühl von »Ich kann bald nicht mehr«. Wählen Sie statt Streit eine elegantere Entlastungsstrategie. Nehmen Sie Ihren Platz in der Familie ein, denn das wird Ihnen die Energie geben, die Sie sich wünschen.

Gönnen Sie sich eine Umarmung!

AUF ZUM NEUSTART

1

Wege zur Umprogrammierung

Selbstbewusstsein ist flexibel und in Bewegung. Wir können uns ändern. Im ersten Kapitel konnten Sie darüber nachlesen, wie wichtig es ist, sich selbst bewusster wahrzunehmen und zu erfahren, dass auch andere Wege möglich sind. Jetzt geht es darum, neue Pfade zu erproben, damit Sie sich im dritten Kapitel für Ihren persönlichen Weg entscheiden können. Bereiten Sie sich auf Veränderung vor, und stimmen Sie sich auf ein neues Lebensgefühl ein!

2

Neue Methoden

Denken Sie darüber nach, konfrontieren Sie sich damit – und dann gehen Sie auch wieder davon weg oder bleiben Sie dabei: Jeder kann und darf sich die für ihn passenden Übungen und damit Verhaltensweisen aussuchen. Ausprobieren ist wichtig, denn nur so können Sie beginnen, für sich selbst zu entscheiden und sich Ihren Kapitänsplatz am Steuerrad Ihres Lebensdampfers zu erkämpfen.

3

Ich fühle mich gut

Alles, was Sie bisher getan haben, war sinnvoll und richtig. Jetzt stehen Sie an einer Wegscheide. Brechen Sie auf zu neuen Ufern: Es geht nun darum, leichter und froher in die Welt hinauszuziehen. Die alten schweren und anstrengenden Gewohnheiten dürfen Sie getrost zurücklassen.

4

Ich fühle mich besser

Perfektionismus geht Hand in Hand mit bestimmten Themenbereichen: Feedback einholen und aushalten lernen, im Hier und Jetzt leben lernen, Bedürfnisse neu entdecken, Freundschaft mit Fehlern schließen, Gedanken verändern. Finden Sie heraus, wo es zwickt, und entfernen Sie den Dorn – langsam und vorsichtig!

5

Ich bin der/die Beste

Genau um dieses Thema kreist Ihr Denken und Handeln. Sie wären es gern, fühlen sich manchmal auch so – und dann wieder gar nicht. Auf dem Weg zu Ihrer persönlichen Mitte dürfen Sie einerseits perfektionistische Stachel entfernen und es andererseits noch mal so richtig übertreiben.

6

Urlaub für den Perfektionismus

Was geschieht, wenn Sie den Perfektionismus auf Urlaub schicken? Wie geht es Ihnen ohne Ihren alten Freund? Wie lange halten Sie es ohne ihn aus? Und wie wird sich Ihr Umfeld fühlen, wenn Sie plötzlich »allein« daherkommen?

IN DEN SPIEGEL SCHAUEN

Sie wollen wissen, was die anderen von Ihnen halten und wünschen? Es kann sehr spannend sein zu hören, was die eigenen Eltern oder Kinder, Partner, Freunde, Nachbarn oder Kollegen denken. Manches kann sich dadurch klären. Oft gehen wir von bestimmten Dingen aus, die dann ganz anders sind als erwartet.

Anna (19 Jahre alt) dachte immer, ihr Vater wolle unbedingt, dass sie die Firma, die er mühsam aufgebaut hatte, irgendwann übernehmen würde. Sie konnte sich überhaupt nicht vorstellen, dass sie je in diesem beruflichen Umfeld arbeiten würde. Sie litt sehr unter der Vorstellung, wie es ihren Eltern gehen würde, wenn sie das wüssten. Irgendwann fasste sie den Mut, den beiden zu erzählen, dass sie einen ganz anderen Berufsweg einschlagen wolle. Beim Gespräch stellte sich heraus, dass ihre Eltern sicherlich die Firma am liebsten in die Hände ihrer Tochter gegeben hätten, doch viel mehr lag ihnen das Glück ihres Kindes am Herzen.

*Miteinander reden hilft,
Unerwartetes zu entdecken.*

WAS SIEHT MAN MIR AN?

Sie interessiert, wie viel Ihres Perfektionismus nach außen hin sichtbar ist? Fragen Sie genauer nach. Am besten schriftlich, denn das schafft Ihnen den Raum, die Antwort ein bisschen liegen zu lassen, ohne sich eventuell sofort wehren zu wollen. Folgende Fragen können Sie zur Inspiration auf sich wirken lassen, umschreiben oder genau so stellen.

⭐ Für wie perfektionistisch halten Sie mich? Warum und wann?
⭐ Für wie glücklich, kompetent, neidisch, intelligent, geizig, hilfreich, lustig usw. halten Sie mich?
⭐ Wo/wie könnte ich mehr delegieren, lockerlassen, Zeit sparen?

Zur Tarnung können Sie behaupten, Sie würden an einer Umfrage teilnehmen. Zur weiteren »Vertuschung« können Sie auch ein paar andere Eigenschaftswörter (die Sie auch interessieren) dazuschmuggeln.

Sie können die Fragen tatsächlich stellen oder auch nur überlegen, wer was antworten würde. Manchmal ist es schon hilfreich, ein bisschen weiterzudenken als normalerweise. Vielleicht spüren Sie einen Hauch von Unwohlsein oder gar eine Ganzkörpergänsehaut bei der Idee, Ihren »Makel« zu veröffentlichen. Schon die Idee, »zu perfekt zu erscheinen« oder perfektionistisch zu sein, widerspricht Ihrem Selbstwunschbild. Es könnte wahrgenommen werden, wie viel Anstrengung Sie investieren.

Zum Trost: In aller Regel geschieht nichts Schlimmes. Sie bekommen nur Inspirationen.

Der eine Teil der Übung, so Sie die Frage wirklich stellen, besteht darin, die Antwort, egal wie sie ausfällt, ungebremst und ohne Abwehr aushalten zu lernen. Kommentieren Sie höchstens innerlich mit einem »Aha!«.

Der zweite und wichtigere Teil besteht darin, eine Zeit lang abzuwarten, bevor man die Antwort erneut prüft. Lassen Sie die Antwort dann auf sich wirken.

Zu Ihrer Erleichterung und Ablenkung können Sie, ehe Sie die Worte lesen, die folgende Körperübung machen, die wunderbar entspannend wirkt.

Anschließend lesen Sie die Worte durch und gehen davon aus, dass Sie das nicht abstempeln, sondern auf einen anderen Weg führen soll. Stellen Sie sich die folgenden Fragen:

Wo decken sich Ihre Wahrnehmungen mit denjenigen Ihrer Umgebung?
Welche Antworten interessieren Sie momentan ganz besonders und machen Ihnen Lust auf Veränderung?

Körperübung
Bein-Schwingel mit Arm-Kringel:
Stellen Sie sich auf ein Bein, und beginnen Sie, das andere in immer größer werdenden Kreisen zu bewegen, gleichzeitig kreisen Sie mit dem rechten Arm links herum und mit dem linken rechts herum. Dann wechseln Sie das Bein!

Gehen Sie ganz bewusst neue Wege!

IM HIER UND JETZT LEBEN

»Am Anfang war Erziehung«, das haben Sie bereits gelesen. Die frohe Botschaft lautet: Sie war! Jetzt und heute dürfen Sie sich die Frage stellen: Sind bestimmte Verhaltensweisen für mich noch sinnvoll? Nein, nicht unbedingt. Diejenigen, die Sie loswerden wollen, bestimmt nicht mehr. Es gilt, die Entscheidung zu treffen, ab jetzt neu und ganz von vorn – gleichsam mit der Idee der Neugeburt – ans Leben heranzugehen. Wir lernen aus Fehlern, aus eigenen und denen anderer, und durch Nachdenken und Ausprobieren. Alle Entscheidungen können Sie ab jetzt selbst in die Hand nehmen.

Im ersten Kapitel haben wir die Fragen nach dem Umgang mit Lob und Fehlern, mit Druck und Leistung gestellt. Es ging darum, in alle Winkel zu leuchten.

Was einmal war, ist Vergangenheit.

DIE ERLÖSUNG

Ist Erlerntes und ehemals Erwünschtes hier und jetzt noch sinnvoll? Was mache ich, weil ich es will, und was wird von »außen« erwartet?

Im Kleinen hatten wir uns bei den Zeitschatz-Praxistipps (siehe Seite 18) schon Gedanken über Themen des Alltags gemacht: »Wasche ich mir die Hände, weil ich es sinnvoll finde?« – »Schenke ich, weil ich das möchte?« – »Kaufe ich gesunde Nahrungsmittel meinetwegen ein?«

Nun geht es auch um die großen und seit Langem gehegten Ideen und Pläne: Muss ich noch einen Motorradführerschein machen, um meine Wunschliste abzuhaken, oder kann ich mich mit dem Erreichten glücklich schätzen, weil ich mittlerweile verstanden haben, dass Segeln viel entspannender ist? Muss ich beruflich noch weiter vorankommen, oder reicht es mir, Zeit zu haben, um auch meine Hobbys leben zu können? Muss ich unbedingt in mein Hochzeitskleid passen, oder würde ich gar nicht mehr so dürr sein wollen? Muss ich immer das Richtige sagen, oder ist es auch mir erlaubt, mich einmal danebenzubenehmen? Anderen verzeihe ich es ja auch. Muss ich jederzeit für jeden ansprechbar sein, oder darf auch ich das Handy einmal abschalten? Überlegen Sie, welche Erwartungshaltungen Sie an sich hatten und noch haben, und wählen Sie nur aus, was auch für die Zukunft passend ist.

> *Die Träume, die wir einst hatten, haben sich gelohnt. Sie haben uns begleitet und manchmal auch beflügelt, doch irgendwann darf der Punkt kommen, an dem wir feststellen, dass die ehemaligen Träume nicht mehr zu uns passen, und wir dürfen in eine neue Lebensdimension schlüpfen.*

Hängen wir hinterher, geht es nicht mehr um die Lust am Tun, sondern ums reine Abhaken von Listen. Begegnet Ihnen dann jemand, der Ihnen begeistert erzählt, er habe gerade einen Tandem-Fallschirmsprung gemacht, können Sie sich das wohlwollend anhören, ohne sich neiderfüllt zu denken: »Mist, das wollte ich doch auch immer schon tun. Hätte ich doch damals …«

Lösen Sie übersteigerte Erwartungshaltungen

Geben Sie sich selbst frei von den Erwartungshaltung anderer an Sie. Eher muss die Frage lauten: Was steckte und steckt für Sie hinter Ihren Wünschen an sich selbst: Wollen Sie Anerkennung und Bewunderung ernten, und stylen Sie sich deshalb jeden Morgen so aufwendig? War das auch der Grund für den Plan, den Tauchschein zu machen? Oder geht es Ihnen um ein Gefühl von Freiheit? Wo können Sie dieses Gefühl, das Ihnen wichtig ist, NOCH herbekommen?

Wie bekommen Sie Streicheleinheiten, ohne etwas nur für andere zu tun?

Abstand von vorangegangenen Generationen

Verhaltensweisen, die Ihre Vorfahren für sich als sinnvoll erachtet haben, müssen Sie nicht weiter praktizieren. So es für Ihre Großeltern sinnvoll war, nicht aufzufallen, viel zu arbeiten und immer hilfsbereit zu sein, muss das für Sie in Ihrer heutigen Umgebung nicht mehr gelten.

EIGENE BEDÜRFNISSE AUSGRABEN

Jetzt wollen wir uns den Bedürfnissen widmen. Warum ist es so wichtig, sie wieder ans Licht zu holen? Kinder kennen ihre Bedürfnisse ganz genau, im Laufe des Älterwerdens verliert sich das wieder. Nicht immer lassen wir zu, dass sie erfüllt werden. So kann nicht unendlich Schokolade gegessen, unendlich lange in den Fernseher geguckt oder unendlich lange aufgeblieben werden. Einen Teil unserer Bedürfnisse aufzugeben macht Sinn. So bleiben wir gesund und können gut mit anderen Menschen zusammenleben. Auch den anderen Teil aufzugeben ist weniger gut. Versteckt jemand als Kind sein Bedürfnis nach Nähe dauerhaft, weil die Eltern keine Zeit haben, sich zu kümmern (oder sich dauernd denken: »Ich mach nur noch schnell dies oder das, und dann spiele ich mit meiner Tochter«), sein Bedürfnis nach Lernen und Abenteuer, weil keine Fragen beantwortet werden, und das Bedürfnis nach Beachtung, weil die Erzeuger dauernd mit dem Smartphone beschäftigt sind, wird der Sprössling eher ungesunde Verhaltensweisen ausbilden, um sich ruhig zu halten und keinen Ärger zu bekommen.

Manche Menschen entwickeln so Süchte, die anderen Zwänge und wieder andere eine überhöhte Leistungsbereitschaft, womit wir beim Thema wären. Was macht ein braves Kind aus? Ein braves Kind ist ein Kind, das still und leise ist und nur wenige Bedürfnisse anmeldet.

IMMER NOCH BRAV SEIN?

Die Frage ist, wie brav will ich heute noch sein? Was will ich wirklich? Irgendwann in Ihrem Leben haben Sie sich für den Perfektionismus entschieden. Sie haben ihn so eingeübt, dass Sie ihn teilweise gar nicht mehr wahrgenommen haben. Jetzt sehen Sie Ihren Mechanismus deutlicher. Immer wenn Sie realisieren, dass Sie gerade etwas im Übermaß tun, können Sie sich fragen: Welches Bedürfnis steckt dahinter? Was möchte ich eigentlich erleben, wenn ich heimkomme? Der Gedanke an die Heizkosten, der mir sofort in den Kopf schießt, kann mich daran erinnern, dass ich gern umarmt werden würde, wenn ich heimkomme. Das darf ich mir zugestehen und es einfordern.

FUNDSTÜCKE

Was sind meine Bedürfnisse?

_____

_____

_____

Lebe ich sie?

_____

_____

_____

Wie steht es um mein Lebensglück?

_____

_____

Wer hilft mir und auf welche Weise, damit ich meine Bedürfnisse besser leben kann?

_____

_____

FEHLERFREUND WERDEN

Jetzt geht es ans Eingemachte. Ich vermute, dass Sie eine ganz besondere Beziehung zu Fehlern haben. Sie mögen sie nicht. Sie spüren sie fast körperlich. Vielleicht leiden Sie gar unter Fehleralarmzwang: Sie müssen jeden Fehler bei sich oder anderen ansprechen.

Vielleicht setzen Sie sich mit Gedanken unter Druck, wie: »Nur wenn ich alles gut mache, werde ich geliebt«, oder: »Ich muss fehlerfrei sein, sonst verliere ich dauerhaft alles – Job, Partnerschaft, Liebe, Geld und Zuspruch«. Bei Ihren Mitmenschen sind Sie vielleicht manchmal großzügiger. Die dürfen schon mal einen Fehler machen, ohne gleich für immer Ihre Zuneigung zu verlieren. Bei sich selbst wenden Sie aber die Kategorien »immer«, »alles«, »nie« und »nichts« an.

Sicher haben Sie in Ihrem Umfeld jemanden, der heftig auf Fehler reagiert und auch sofort darauf hinweisen muss. Die meisten Menschen sind sich jedoch nicht bewusst, dass das, was sie sagen und »doch nur gut meinen«, auf dem Weg durch den Mund nach außen an Fahrt gewinnt. Scheinbar gut gemeinte Sätze, wie »Guck mal, da hast du das Wort falsch geschrieben!« oder »Warum hast du denn die Milch vergessen?«, werden leicht als scharfe Kritik verstanden. Schnell entsteht das Gefühl, abgelehnt zu werden.

Kritik an wirklichen persönlichen Schwachstellen werden meist »vergrößert« wahrgenommen, und so führen diese immer zu starkem, auch körperlichem Unwohlsein. Verlustängste können entstehen: »Wenn ich einen Fehler mache, werde ich nicht geliebt«, »Wenn ich die oder den verärgert habe, fühle ich mich schlecht oder ausgeschlossen«. Ein hoher Aufwand wird betrieben, um die scheinbar verlorene Liebe des anderen wiederzubekommen. Panik entsteht, die sich allerdings zu einem späteren Zeitpunkt wieder relativiert.

Manchmal gelingt es Ihnen schon zu denken: »Ach, ist doch nicht so schlimm, so etwas passiert doch jedem.« Sie können damit leben, ins Fettnäpfchen getreten zu sein, andere verärgert zu haben oder nicht gelobt worden zu sein. Und ein anderes Mal brauchen Sie wieder lange

Zeit, um sich selbst zu beruhigen und sich Ihre Fehler zu verzeihen.

A »FEHLER« A DAY, KEEPS THE STRESS AWAY

So weit, so gut. Effektiver kommen Sie sich auf anderem Weg entgegen. Machen Sie manche Dinge bewusst falsch, oder verhalten Sie sich seltsam. Und sorgen Sie dafür, dass Sie gesehen werden. Dann haben Sie die komplette Macht über Art und Weise des Fehlers und über Ihren Umgang mit sich selbst und, in einem weiteren Schritt, auch über Ihre Reaktion

nach außen. Sie können sich mehr und mehr entspannen und gewinnen zunehmend an Lebensqualität.

PLANEN SIE AB JETZT IHRE FEHLER SELBST!

Die Dosis lautet: Machen Sie jeden Tag bewusst etwas falsch. Schreiben Sie einen Rechtschreibfehler in Ihre Präsentation, SMS oder E-Mail. Verwenden Sie zu wenig Salz oder gar keines. Lassen Sie eine Zutat weg, oder fügen Sie eine dazu, die nicht im Rezept steht. Tragen Sie den Pulli mit dem Etikett nach außen. Halten Sie es aus, wenn »dumme« Bemerkungen gemacht werden, und reagieren Sie nicht oder anders als sonst. »Ja, ja, das ist eine Salzsuppe. Ich habe gehört, einmal im Monat zu viel Salz entgiftet.« Sie können sich täglich in Fehlerkompetenz üben und darin besser und besser werden. Überlegen Sie sich mögliche Fehler und dazu passende neue Antwortmuster, und werden Sie anderen in Ihrem Umgang mit dem »Falschen« zum Vorbild. Wer weiß, vielleicht zitiert man eines Tages auch Sie.

Lernen Sie,
Fehler für sich zu nützen!

Ein GENIE macht keine Fehler.
Seine Irrtümer SIND TORE zu neuen Entdeckungen.

James Joyce

MIT MUT VORAN

Übungen

Die Socken

»—→ Lassen Sie sich von der folgenden Übung inspirieren. Sie entstammt der Verhaltenstherapie und wurde zur Steigerung des Selbstwertgefühls von sehr unsicheren Patienten entwickelt. Der Auftrag lautet: »Gehen Sie mit verschiedenfarbigen Socken aus dem Haus, und sorgen Sie dafür, dass man Ihre Füße sieht!« Krempeln Sie gern die Hosenbeine ein kleines Stückchen hoch – am besten noch ein bisschen schief und vorne höher als hinten.

Folgendes wird erfreulicherweise passieren: Ihre Mitmenschen werden reagieren. Die Reaktionen werden unterschiedlich ausfallen. Sie selbst können sich innerlich zurücklehnen und das Ganze genüsslich beobachten. Nehmen Sie wahr, wie es Ihnen dabei geht, anderen zuzusehen, wie deren Augen und Hirne um Ihre Füße kreisen, wie sie sich überlegen, ob sie etwas sagen sollen oder nicht. Und e dann nicht aushalten können, nichts zu sagen. In der Zwischenzeit können Sie sich selbst überlegen, wie sie reagieren wollen. Suchen Sie sich eine Antwort-

möglichkeit auf die Ansage: »Sie tragen unterschiedliche Socken!« aus:

»—→ Ja! Immer mittwochs.
»—→ Oh! Ist mir noch gar nicht aufgefallen.
»—→ Das ist modern! Mustermix!
»—→ Sie passen aber gut auf!

PS: Eine wunderbare Nebenwirkung ist, dass Sie sich nie mehr über den einen einzelnen Socken ärgern müssen, der allein aus der Maschine kommt, während sein Partner verschollen ist.

Lust auf weitere praktische Möglichkeiten, Ihre Seele zu balsamieren?

Neue Regeln finden

»——→ Wie würden Ihre eigenen Zehn Gebote lauten? »Du sollst viel Freude im Leben haben. Du sollst entspannt leben. Du sollst genießen. Du sollst frei lernen dürfen. Du sollst frei von Scham sein. Du sollst jeden Tag Glück und Freude erleben …«
Entwickeln Sie Ihre eigenen Regeln!

Selbstgespräche

»——→ Unterhalten Sie sich freundlich mit sich selbst. Fangen Sie an, wenn Sie allein sind, sich regelmäßig etwas Nettes zu sagen. Führen Sie ruhig laute Selbstgespräche. Hören Sie zu, was Sie sich zu sagen haben. Worauf sind Sie gerade im Moment stolz?

Ausdruckstanz der Emotionen

»——→ Tanzen Sie Ihre guten und leichten Gefühle. Wie würden Sie sich zu Ihrem neuen Lebensgefühl bewegen? Welche Bewegungen gehören für Sie zu Freiheit und Leichtigkeit? Welche Musik passt für Sie zur neuen Einstellung? Wählen Sie aus, und legen Sie los!

Liebesbrief an Ihre Adresse

»——→ Schreiben Sie sich einen netten Brief, frankieren Sie ihn und bewahren Sie ihn ein paar Tage oder Wochen auf, dann schicken Sie ihn ab. Sie werden sich wundern, was eigene wohlmeinende Worte für eine gute Wirkung auf Ihre Seele haben können.

Liebeslied für mich

»——→ Schreiben Sie ein Lied für sich. Was ist Ihr favorisierter Musikstil? Klassik? Rap? Schreiben Sie den Text, und versuchen Sie sich im Singen. Der Inhalt muss nicht aufwendig sein. Es reicht ein Einzeiler in Endlosschleife, etwa: »Ich mache es gut!«

Zeitungsinterview

»——→ Stellen Sie sich vor, Sie werden von einem Journalisten Ihrer Lieblingszeitschrift befragt. Er hat Sie ausgewählt, weil über Sie bekannt geworden ist, dass Sie Ex-Perfektionistin sind. Sie haben es geschafft und sind für viele andere ein Vorbild geworden. Damit Ihr Beispiel noch mehr Menschen erreicht, wird das Interview gemacht. Was stünde darin?

WIE ES SICH MIT DEN GEDANKEN VERHÄLT

Legen wir Ihre Gedanken einmal unter das Mikroskop. Was denken Sie gern?

In unserem Chaos-Test ganz am Anfang finden Sie mögliche Formulierungen. Blättern Sie zurück, lesen Sie neu, und filtern Sie *Ihr* Gedankenverhalten heraus. Schreiben Sie es sich auf!
Manch ein Perfektionist hat sogar einen noch komplizierteren und von mir bisher noch nicht benannten Denkknoten, der sich hartnäckig festgeklammert hat:

SICH SELBST INFRAGE STELLEN

»——→ Sabrina zuckt zusammen: Die Kinder ihrer Freundin werden gerade gelobt, wie vorbildlich sie immer Klavier üben würden und wie gut sie dabei schon geworden wären. Sie blendet sofort alles aus und überlegt sich, wie sie ihre eigenen Kinder zu mehr Disziplin anhalten könnte. Sie stellt sich selbst infrage mit Gedanken wie »Habe ich auch alles richtig gemacht? Übe ich vielleicht zu viel Druck aus oder zu wenig? Wie kann ich meine Kinder besser motivieren?«

»——→ Ken wird von seiner Chefin gelobt, weil er die letzte Woche die Arbeit von zwei Personen erledigt hat. Paul zuckt zusammen, fühlt sich schlecht und überlegt, wie er sich mehr anstrengen könnte, um sein Können ebenfalls beweisen zu dürfen. Ob Kens Verhalten (vor allem auf Dauer) sinnvoll ist oder nicht, spielt keine Rolle. Paul zieht den Kopf ein und leidet.

Das große Infragestellen des eigenen Tuns, auch wenn es eigentlich um andere geht, ist eine Dauertretmine mit hoher emotionaler Explosivität und Selbstverletzungspotenzial. Ursprünglich war es vielleicht als Anreiz gemeint, im Laufe der Zeit verselbstständigte es sich aber zu nicht enden wollenden Zwangsgedanken. Höchste Zeit, damit aufzuhören …
Sie wollen diesem Teufelskreis endlich entkommen? Sortieren Sie Ihre Gedanken. Welche betreffen Sie selbst? Welche beziehen sich auf andere? Was macht Sinn für Sie? Was davon können Sie gebrauchen?

Wie denken Sie über sich? Sagen Sie stopp, und drehen Sie um!

DEN GEDANKEN AUF DER SPUR

Entwerten Sie sich innerlich? Sind Sie sich selbst selten gut genug? Kommen Ihnen Gedanken wie: »Ich bin wirklich keine gute Mutter«, »Ich muss mich etwas mehr zurücknehmen«, »Ich muss mich ins Zeug legen und darf nie zugeben, wie viel Zeit mich bestimmte Dinge kosten« oder »Ich darf keine Hilfe annehmen, denn das ist ein Zeichen von Inkompetenz und Schwäche« …
Und was sagen Sie zu Ihrem Gegenüber (statt der inneren Wahrheit):

⭐ »Das letzte Mal, als ich diesen Auflauf gekocht habe, schmeckte er besser.« (Sie erwähnen nicht, wie viel Mühe Sie sich gegeben haben.)
⭐ »Ach, die Hose ist doch nur aus dem Secondhandladen«. (Sie erzählen nicht, wie lange Sie nach ebendieser Hose gesucht haben.)
⭐ »Das Erstellen der Datei ging total schnell.« (Dass Sie stundenlang am Computer saßen, ist Ihr Geheimnis.)
⭐ »Nein, nein, nicht nötig, dass Sie mir helfen.« (Sie haben eigentlich nur wenig Kapazität, doch das erfährt keiner.)

Mit solchen Sätzen setzen Sie Ihre Leistungen herab. Sie wünschen sich, gesehen zu werden und Lob und Anerkennung zu bekommen, doch auf diesem Wege ist das sehr mühselig und wenig erfolgversprechend.

GEDANKENKREISEL

Am folgenden Beispiel lässt sich gut erkennen, wie sich Gedankenkreisel drehen und immer weiter verstricken.

Noel kommt in den Kindergarten. Anfangs bekommt jedes Kind einen Turnbeutel, den es mit Stofffarben bemalen darf. Frau K. betreut den Knirps. Kinder sollen sich entfalten und malen, was »aus ihnen herauskommt« – das hat sie gelernt. Aushalten kann sie die krummen Geister

des Dreijährigen, die wenig erkennbar
sind, kaum. Sie ärgert sich, dass der Junge
den Stift nicht richtig halten kann. Sie regt
Noel hier und da zu einer Verbesserung an
und legt auch selbst heimlich Hand an
und malt noch ein bisschen mit aus.
Immer wenn das Ergebnis einen Moment
lang besser aussieht, hält sie die Luft an
und nimmt sich vor, nun »kein Wort mehr
zu sagen«. Sie ärgert sich abwechselnd
über sich selbst (»Ich bin als Erzieherin
einfach ungeeignet«) und über die ande-
ren (»Wie kann man ein Kind nur in den
Kindergarten schicken, das noch nicht mal
das Mindeste kann«). Irgendwie fühlt sie
sich nicht ganz wohl in ihrer Haut. Sie
erinnert sich auch dunkel, wie sehr sie es
gehasst hat, wenn ihr die Mutter damals
immer alles aus der Hand nahm, weil sie
es so viel besser oder schneller konnte als
sie. Und doch. Das komische Gefühl hält
sich, bis sie einen Gedankenfaden erwischt,
der sich in ihrem Kopf vernetzt, und weiß:
»Meine Kolleginnen könnten sich auch
mal mehr kümmern. Sie sind so inkonse-
quent und gedankenlos.« Kurz breitet sich
ein Gefühl aus von »Ich gebe mir viel mehr
Mühe als die anderen und mache so meine
Mitmenschen glücklich. Auch der Mutter
des Jungen würde ein schöner Turnbeutel
besser gefallen ...«

Was denken Sie über andere? Entwerten
Sie andere innerlich auch immer wieder,
in der Hoffnung, dass es Ihnen dann
besser geht? Sätze kommen einem in den
Sinn à la:

⭐ »Die kriegt nichts auf die Reihe.«
⭐ »Der kümmert sich nicht um sich und
kriegt nie eine ab!«
⭐ »Immer nur ich putze den Hausflur.«
⭐ »Wie kann man das Essen nur so in
sich hineinstopfen, da kann das mit dem
Gewicht ja nichts werden.«

KOMMEN SIE IHREN GEDANKEN IN DIE QUERE

Gedankenpeitschen tun langfristig nicht
gut. Also: Hören Sie hin, und nehmen Sie
wertfrei wahr. Die guten Sätze behalten
Sie im Köpfchen, die schlechten packen
Sie beim Schöpfchen und werfen sie raus.
Im nächsten Schritt probieren Sie andere
und neue Gedanken. Finden Sie heraus,
welche Ideen über sich selbst, die anderen
und das Leben Ihnen besser schmecken
als die bisher durchgekauten.
Welche hinterlassen ein Wohlgefühl?

Sie denken: »Ich kann nichts?«
Versuchen Sie mal: »Ich mache es, so gut
ich kann.«

Sie reagieren auf Lob mit einer Herabsetzung?
Probieren Sie: »Danke, ja, das ist mir gut gelungen.«

Sie versuchen, sich für etwas zu entschuldigen?
Wie wäre es mit: »Ja, ich liebe es, günstige Sachen zu kaufen.«

Sie nehmen ungern Hilfe an?
Sagen Sie: »Danke, gern, dann packen Sie doch bitte hier mit an.«

Die »Wie kann man nur«-Gedanken dürfen Sie gern ersatzlos streichen. Falls das nicht gelingt, nehmen Sie sie als innere Erinnerungs-Pop-ups, und programmieren Sie sie um auf »Ich/der andere kann gut …«. Denken Sie sich weg von den anderen und hin zu sich selbst, und überlegen Sie sich mit Freuden, was Sie selbst alles gut können.
Bedenken Sie, Sie sind sowieso sehr gut in sehr, sehr vielen Bereichen, sogar oft viel besser als viele andere Menschen. Und in der Summe der Dinge, die Sie gut machen, würden andere Ihnen auch einen Pokal zugestehen. Sie dürfen das als Tatsache hinnehmen.
Perfektionisten machen die Dinge gut. Sie müssen nur noch lernen zu akzeptieren, dass das eine Tatsache ist: Ich bin gut!

> Akzeptieren Sie Lob und Dank von anderen Menschen. Steigern Sie Ihr Wohlgefühl, indem Sie Komplimente annehmen. Hören Sie auf zu denken, dass Ihr Gegenüber etwas doch nur sagt, um Ihnen einen Gefallen zu tun. So Sie unsicher sind, dass etwas ernst gemeint ist, fragen Sie nach. Holen Sie sich ein genaueres Feedback: »Warum gefällt dir das Bild?« – »Warum findest du, dass ich kompetent bin?« – »Warum denkst du, ich bin ein guter Vater/eine gute Freundin etc.?«

NEUBEDACHT – SPRICHWÖRTLICHES

Praxistipps

So wie Sie über sich denken, werden auch andere über Sie denken.

Ein weiser Spruch. Wir erwarten immer von den anderen, dass sie uns wahrnehmen, loben, uns danken oder uns wertschätzen. Wir erwarten, dass Heilung von anderen kommt, und machen uns dadurch von diesen abhängig. Doch das ist der falsche Ansatzpunkt. Fangen Sie ab sofort an, besser und besser über sich selbst zu denken. Entlarven Sie Ihre persönlichen Lieblings-Denkfallen, und polstern Sie sie mit neuen und liebevolleren Gedanken aus. Stellen Sie die mentale Peitsche in den Keller.

Gleichzeitig gehen Sie davon aus, dass die anderen genauso positiv von Ihnen denken, wie Sie es sich schon immer gewünscht haben.

Innere Räume und Träume

⭐ Werden Sie konkreter. Nutzen Sie den gewonnenen Raum im Kopf, um neue und energetisierende eigene Bilder über sich zu entwickeln. Überlegen Sie genau:

»⟶ Wie will ich behandelt werden? (»Heute macht mir mein Chef ein Kompliment!«)

»⟶ Was soll geschehen? (»In den nächsten Tagen bekomme ich eine sehr nette E-Mail!«)

»⟶ Wer sagt was zu mir? (»Mein Partner wähnt sich sehr glücklich, genau mit mir zusammen zu sein!«)

»⟶ Wer verhält sich wie im Umgang mit mir? (»Mein Nachbar schenkt mir Blumen, weil ich mich um die Handwerker in seiner Wohnung gekümmert habe!«)

Zaubern Sie ein Lächeln in Ihr Gesicht. Erwarten Sie Komplimente, und sie werden kommen, und wenn sie da sind, werden Sie sie auch wahrnehmen.

Entwickeln Sie Fantasien, und genießen Sie sie!

Stopp!

⭐ Brauchen Sie eine Pause? Wollen Sie schlafen, anstatt fremde Kinder zu betreuen? Würden Sie gern, wie andere auch, am Abend zum Sport gehen, anstatt Überstunden zu machen? Wollen Sie es einfach und leicht haben? Wollen Sie Hilfe und Unterstützung? Dann grenzen Sie sich ab, passen Sie auf sich auf. Nehmen Sie Hilfsangebote wahr und dankbar an. Falls es diese nicht gibt, dann bitten Sie um Support – fangen Sie klein an, und steigern Sie sich langsam.

Was du nicht willst, das man dir tu …

⭐ Übertragen auf unsere Gedanken, bedeuten diese Worte: Solange ich unschön über andere denke, im Sinne von »Wie kann man nur?«, liegt nahe, dass ich davon ausgehe, dass auch die anderen so über mich denken. Viele Kinder bekommen mit, wie die Eltern über andere lästern. Sie beginnen zu denken, dass sie all diese Fehler der anderen nie machen dürfen.
Hier lohnt sich eine Veränderung. Wertfreies Denken über andere entspannt die ganze Familie. Das Gleiche gilt auch in der Schule, in der Ausbildung, im Studium oder im Berufsleben.

Loben (lassen) will gelernt sein.

⭐ Versuchen Sie, sich Lob einzuverleiben und sich Komplimente gut anzuhören und zu eigen zu machen. Fragen Sie nach: »Warum genau finden Sie toll, dass ich das auf diese Art und Weise organisiert habe?« Sorgen Sie dafür, dass Sie verstehen, wie andere Sie sehen. So können Sie jeden Tag mehr und mehr in Ihre eigentliche Größe hineinwachsen. Und Sie werden bald merken: Sie sind besser, als Sie denken.

Wie man in den Wald hineinruft …

⭐ Was können Ihre Freunde, Kolleginnen, Verwandten, Nachbarn gut? Was beeindruckt Sie? Und warum? Jetzt können Sie Ihre Notizen aus dem ersten Kapitel verwenden.
Was erleben Sie selbst als bereichernd in Ihrem Umfeld? Lernen Sie die Menschen um sich herum noch einmal neu kennen, indem Sie noch genauer hinsehen und noch mehr das Positive wahrnehmen. Der Blick aufs Gute allein ist schon magisch und verändert einiges. Wertschätzung fördert gute Energien. Loben Sie Ihre Mitmenschen und freuen Sie sich an deren Freude mit – das Lob wird zu Ihnen zurückkehren.

PERFEKTIONISMUS AUF FREIGANG

Atmen Sie einmal tief durch, und erlauben Sie sich dann, sich mal »oben ohne« zu sehen. Stellen Sie sich vor, Sie wären im Kopf frei von Ihrem besten Kumpel, dem Perfektionismus …

Was wäre, wenn der Perfektionismus weg wäre?

_____

_____

_____

_____

Was würde mir fehlen?

_____

_____

_____

_____

Was würde das ersetzen?

_____

_____

_____

Was habe ich bisher für andere getan, was erhofft und was tatsächlich zurückbekommen?

_____

_____

_____

Was sind die Dinge, die Sie gern angehen würden und die Sie nur für sich selbst tun würden? Die Wohnung aufräumen, den Keller ausmisten? Die Doktorarbeit schreiben?

_____

_____

Fangen Sie mit einem Vorhaben (Meditation, aufräumen, ein Buch schreiben) einfach an. Jetzt, auch wenn es nur fünf Minuten sind. Legen Sie diesen Ratgeber zur Seite, und starten Sie. Dann nehmen Sie sich jeden Tag ein bisschen mehr Zeit, bis Sie bei einer oder zwei Stunden sind. Fangen Sie mit dem Tun an. Die Inspiration oder die richtige Stimmung können Sie nicht abwarten. Beginnen Sie einfach, und gönnen Sie sich nach Ablauf der Zeit etwas zur Entspannung (danach und nicht davor!)

UM DIE ECKE GEDACHT UND NACHGEMACHT

Wie ist es in Ihrer (aktuellen oder vergangenen) Partnerschaft, in Ihrer Familie oder im Beruf um folgende Themen bestellt?

⭐ Putzen und Aufräumen: Wer macht wie viel, wer wünscht wie viel?
⭐ Hygiene: Wer braucht wie viel?
⭐ Geschenke: Wer schenkt wem wie viel und wie aufwendig?
⭐ Anderen Gutes tun: Wer tut was, wem ist was zu viel?
⭐ Beruf: Wo sitzt der Antreiber? Innen oder außen?
⭐ Wissen: Wer weiß was, und wer will was und wie viel wissen?
⭐ Reihenfolge: Wer kommt zuerst? Sie oder die anderen?
⭐ Zeit: Wie viel Zeit nehmen Sie sich für sich und wie viel für die anderen?

*Nicht alles muss bleiben,
wie es war!*

So könnte es auch gehen:
Bei Familie Friedrich wurde seit vier Wochen nicht geputzt. Keiner stört sich daran. Bernd kommt verschwitzt und direkt vom Sport ins Meeting. Als Susanne die Nase rümpft, sagt er: »Man muss auch mal Mut zum Stinken haben.« Petra kommt ohne Geschenk zur Geburtstagsparty. Sie findet es sinnlos, »einfach irgendwas zu kaufen, nur weil jemand Geburtstag hat«. Max unterbreitet Susanne kein Angebot zur Hilfeleistung, als diese ihm erzählt, sie müsse dringend ihre Hausfassade streichen – umgekehrt hatte sie ihm aber vor einem Jahr beim Renovieren geholfen. Svenja fährt am Ende ihres Arbeitstages ihren Computer runter und macht sich keinerlei Gedanken darüber, dass Arbeit »übrig geblieben« ist. Sie genießt den Feierabend und ignoriert auch die spitzen Bemerkungen ihrer Kollegen, ob sie schon nach Hause wolle … Franz ist es egal, wenn andere ihn für ungebildet halten. Er ignoriert immer wieder gern mal für eine Zeit lang die Nachrichten in Radio oder Fernsehen und liest auch keine Zeitungen. Er will sich nicht »negativ aufladen lassen«, wie er es nennt. Viele Menschen meinen, immer informiert sein zu müssen, und das häufig auf Kosten der Lebensfreude. Anja kocht des Morgens erst für

sich den Kaffee und setzt sich in aller See-
lenruhe hin, um ihn zu trinken. Erst dann
macht sie das Frühstück für die Familie.
Chloé geht jeden Tag nach der Arbeit
eine Runde laufen. Erst dann kommt das
Einkaufen, Waschen, Geschenkeein-
packen oder Kochen dran.

LERNEN VOM MODELL

Manches hier Geschilderte mag Ihnen
unsympathisch erscheinen, und Sie
würden es für sich nicht so handhaben
wollen. Es sind Verhaltensweisen, die
anders und doch auch möglich sind.
Interessant ist: Wie gehen andere mit den
großen und kleinen Fragen des Lebens
um?
Beobachten Sie Ihre Mitmenschen, und
wenn sich die Gelegenheit bietet, fragen
Sie nach: »Sag mal, ich hab bemerkt, dass
du nie etwas schenkst. Das ist keine
Kritik! Mich interessiert, warum nicht?
Wir alle halten uns an so viele ungeschrie-
bene Gesetze, dass mich interessiert, wie
es auch anders gehen kann.«

Und vielleicht fassen Sie einen neuen
Mut:
»——→ Mut zur Unordnung, weil Sie nicht
zum Aufräumen kamen und auch einfach
Besseres zu tun hatten.

»——→ Mut zum Stinken, weil der Partner
den Körpergeruch vielleicht anders
wahrnimmt als man selbst.
»——→ Mut zum Egoismus, weil Sie einen
Strafzettel riskieren würden, wenn Sie
dieses Geschenk unbedingt und in letzter
Sekunde doch noch kaufen würden und
sich damit dann ohnehin nicht wohlfüh-
len könnten, weil Sie einfach »irgendwas«
gekauft haben.
»——→ Mut zum Heimgehen, weil andere
sowieso denken, was sie denken wollen –
und Sie durch längeres Arbeiten oder den
ausschweifenden Partybesuch keinen
Einfluss darauf nehmen können.

Haben Sie Mut zur Hässlichkeit. Heutzu-
tage werden so viele Digitalfotos gemacht.
Es ist nicht möglich, auf jedem immer toll
auszusehen. Im Gegenteil, es ist anstren-
gend, diesen Anspruch zu erfüllen.

WARUM ÄNDERN?

Perfektionismus ist ein Mechanismus, der unglücklich macht und ausgesprochen anstrengend ist. Der größte Teil des Geschehens findet in Ihnen statt. Das Gute daran ist: Sie können alles ändern, was Sie ändern wollen. Das »Immer«, das »Alles« und das »Gut-machen-Müssen« ist belastend, macht im schlimmsten Fall krank oder führt zu einem Burn-out. Streit mit Partnern und Frustration sind vorprogrammiert. Sie leisten sowieso sehr viel, für ein »Noch-mehr« gibt es immer weniger Raum.

Und trotzdem: Sie haben die Macht über Ihr Leben, über Ihr Denken und Tun!

Sandra K. hat vier Kinder, und für alle Kinder gestaltet sie jedes Jahr ein Fotoalbum mit den wichtigsten und witzigsten Ereignissen des Jahres. Die Weihnachtsgeschenke für die Kleinen wollten immer selbst gemacht und möglichst gleichwertig sein. Für ihren Mann, ihren Vater und weite Teile ihres Freundeskreises gibt es aufwendige Geschenke in Form von selbst

genähter Kleidung, Kissen, Vorhängen oder Lampenbezügen. Selbst gestrickte Pullis gehören zum Standardrepertoire. Plätzchensorten gibt es immer exakt zwölf. Und das beschreibt nur den Monat Dezember im Leben der Frau K. Geburtstagsgeschenke und -feiern für alle Kinder, den Gatten und manchmal auch Freunde folgen einem ähnlichen Muster.
Sandra K. kommt zur Therapie, weil sie ausgebrannt ist und hofft, mit Entspannungs- oder Hypnosemethoden wieder »voll leistungsfähig« zu werden. Zu erwähnen gilt auch noch, dass Sandra K. 30 Wochenstunden ihrem Beruf nachgeht.

Die Dinge, die Frau K. herstellte, waren wundervolle Kunstwerke. Sie hatte den Auftrag, Fotos von ihren selbst gemachten Produkten mitzubringen, daher weiß ich das. Das durfte auch alles so wundervoll bleiben. Es ging nur darum, die Summe zu reduzieren, den Druck rauszunehmen, das »Alles«, das »Immer« und das »Müssen« zu entspannen. Ohne eine Veränderung Ihrer Denk- und Handelsgewohnheiten bleibt kein Raum und Platz in anderen Lebensecken.

RAUM SCHAFFEN

Herr K. versuchte immer wieder, seine Ehefrau zu motivieren, doch auch einmal zu entspannen, doch auch mal »alle fünfe gerade sein zu lassen« und nicht für jeden immer zu 100 Prozent zur Verfügung zu stehen. Frau K. wurde zunehmend angespannter, und die beiden stritten sich immer mehr. Erst als auch die Kinder sagten, dass die Mutter vor lauter »Ich mach nur noch schnell …, und dann komm ich zu dir!« zu wenig Zeit für sie hätte, merkte Frau K., dass sie mehr Zeit indirekt mit den Kindern (»Handwerken für sie«) verbrachte als direkt im Kontakt zu ihnen.

Das wohlige und kreative Tun ist auf der einen Seite etwas sehr Entspannendes und Schönes, sobald es aber unter hohem Zeitdruck und Zwang gemacht werden muss, ist es höchste Zeit für eine Veränderung.

Menschen, die kurz vor ihrem Tod befragt worden sind, was sie am meisten bereuen, antworteten unter anderem, dass sie bedauern, sich bei bestimmten Personen nicht entschuldigt zu haben, dass sie anderen nicht gesagt hatten, wie sehr sie sie lieben, oder auch, dass sie ihnen verziehen hatten. Sehr viele fanden, dass sie zu viel Zeit mit Arbeiten verbracht hatten und zu wenig Zeit mit Reisen und den geliebten Menschen.

Es könnte Ihnen guttun, sich bei sich selbst zu entschuldigen, dafür, dass Sie sich immer so antreiben – und sich selbst zuzusichern, dass Sie sich mehr für sich selbst einsetzen und mehr Zeit mit sich und Ihrer Familie verbringen werden. Fangen Sie an, sich die Dinge zuzugestehen, die Ihnen Freude machen, und verzeihen Sie sich, was Ihnen nachhängt.

Wir gehen immer davon aus, unbegrenzt Zeit und Kraft zu haben. Grundsätzlich ein positiver und schätzenswerter Zug. Dennoch lohnt es sich, sich von Zeit zu Zeit die Coaching-Frage zu stellen: »Was würde ich tun, wenn ich wüsste, ich habe nur noch ein Jahr zu leben?« Und vor allem: »Was würde ich nicht mehr tun?« Die Antwort entlarvt einiges.

SCHAFFEN SIE KLARHEIT:
WAS IST WICHTIG,
WAS NICHT?

Wenn ALLES
in der Welt
vortrefflich wäre,
dann gäbe es
NICHTS
VORTREFFLICHES.

Denis Diderot

VON VERHÄLTNISMÄSSIGKEITEN UND ANSPRÜCHEN AN SICH SELBST

Perfektionismus ist ein Phänomen, bei dem das Pendel sich zu stark wegbewegt vom Gefühl für sich selbst und zu stark hin zu den Wünschen anderer. Auf diesem Weg ist das Wohlgefühl in Gefahr. Woher kommt es? Hat es etwas mit Selbstbewusstsein zu tun? Doch was ist Selbstbewusstsein?

Unter dem Scheinwerfer unseres Themas betrachtet, sprechen wir von einem Maß dafür, für wie kompetent Sie sich halten. Dabei spielt die Bedeutung, die Sie bestimmten Lebensbereichen geben, eine große Rolle. Es geht um die Orte Ihrer Ansprüche an sich selbst …

Je weniger kompetent Sie sich bei für Sie wichtigen Themen wahrnehmen und je höher Ihre Ansprüche an sich sind, umso mehr Druck werden Sie erleben und umso unwohler werden Sie sich fühlen. Die Ihnen wichtigen Themen, wie zum Beispiel beruflicher Erfolg, der Wunsch, eine gute Mutter, ein guter Vater zu sein, lecker kochen zu können, einen guten Ruf zu haben oder respektvoll behandelt zu werden, sorgen für inneren Ausgleich oder eben auch für innere Spannung –

je nachdem, wie gut Ihnen die Erfüllung dieser Ansprüche gelingt.

Ihr Selbst schätzt sich vielleicht nicht so sehr wert, wie es für Sie wünschenswert wäre. Möglicherweise gaben Sie sich selbst bisher nicht den Wert, den Sie verdienen. Das Gefühl, sich selbst als wertvoll zu erachten, ist begleitet von bestimmten Fähigkeiten. Dazu gehört es, Unterstützung einfordern zu können, Lob und Anerkennung einholen und auch hören zu können, sich weiterzuentwickeln, sich zu motivieren, Ideen zu realisieren und auch Nein sagen und sich abgrenzen zu können. Auch, eigene Bedürfnisse wahrzunehmen und auszuleben, seine Kräfte einzuschätzen und einteilen zu können. All das sind Merkmale, die uns Menschen gesund erhalten. In diesen Bereichen haben Perfektionisten eine eher untrainierte »Muskulatur«. Hier gilt es, mehr Sicherheit zu erlangen. Perfektionismus geht über das normale »Gut-sein-Wollen« hinaus und macht unfroh und unfrei. Es ist ein Kampf um Liebe und Anerkennung, der nie gewonnen werden kann – eine echte Sisyphus-Aufgabe.

Immer dann, wenn etwas gerade gelungen ist und die Kugel oben ankommt, rollt sie wieder den Berg hinunter.

Schieben Sie einmal eine ruhige Kugel!

ALLE VIERE GRAD SEIN LASSEN ...

Catharina hat alles, was sie sich je erträumte. Einen guten Job, einen tollen Mann, zwei Kinder, ein Traumhaus, wie alle Freunde finden. Und doch: Irgendetwas stimmt nicht, die Kinder sind sehr oft krank, sie selbst auch. Der Hochglanzjob strengt sie sehr an, ihr Mann ist auch völlig gestresst und schläft am heiß ersehnten Wochenende oft tagsüber völlig übermüdet auf der Couch ein, anstatt mit den Kindern zu spielen. Die beiden Erwachsenen reden nur über die Kinder, die Organisation des Lebens und finden kaum Zeit füreinander. Sie würden beide gern das Leben mehr genießen, können und schaffen es aber nicht. Sie haben keine Zeit dafür.

Catharina beneidet ihre Freundin Sina. Sina und ihr Mann arbeiten beide nur halbtags. Sie wohnen in einem kleinen Haus und verreisen oft, dabei haben die beiden scheinbar ein Händchen für Schnäppchen. Sie wirken zumeist entspannt und froh, ihre Kinder finden, sie haben alle zusammen ein schönes Leben. Catharina beschließt, dass es so nicht weitergeht. Im Coaching lernt sie, ihren Träumen einen neuen Rahmen zu geben. Sie will sich mehr darauf konzentrieren, was sie fühlen will, und weniger, wie es von außen aussehen soll. Sie lernt zu unterscheiden, was ihr wirklich wichtig ist und was nur gemacht werden muss, weil sie es sich »so schön gedacht hat«. Sie beschließt, ihr Leben zu vereinfachen und zuallererst Zeit zu gewinnen. Beide Kinder gehen demnächst in die gleiche Musikschule, und sie gibt ihr Amt als Elternbeirätin ab.

Das Ziel ist, weniger zu arbeiten und spontaner zu entscheiden!

VISUALISIERUNGSTRAINING

Übung

Hier finden Sie ein Entspannungstraining für Ihren Kopf. Den Text können Sie als Sprachmemo auf Ihr Handy sprechen, oder Sie lesen ihn einfach immer wieder. Wenn Sie die Übung hörbar machen möchten: Sprechen Sie langsam, und lassen Sie sich ganz viel Zeit. Machen Sie nach jedem Satz eine längere Pause. Unser Geist braucht Zeit, um sich auf die Bilder einzustellen.

ICH HÖRE MIR ZU – EINE FANTASIEREISE

≫——→ Ich atme ein und aus. Tief ein und aus. Ich atme tiefer und tiefer und fülle meinen ganzen Körper mit Atemluft. Ich nehme mir Zeit. Meine Ausatmung wird länger und länger. Ich konzentriere mich voll und ganz auf die Ausatmung.

≫——→ Mein Körper ist entspannt. Und ich beginne, mich auf eine Wanderschaft zu begeben. Vor mir sehe ich einen Weg. Ich sehe saftige Wiesen, wunderschöne Blumen und auch ein paar Bäume. Ich gehe den Weg entlang und komme an einen Waldrand. Ich gehe weiter und gerate immer tiefer und tiefer in den Wald hinein. Der Weg wird immer anstrengender.

≫——→ Da entdecke ich einen anderen Pfad. Ich entscheide mich für eine kurze Strecke durchs Dickicht. Da drüben scheint die Sonne. Ich wärme mich an der Sonne. Ich gehe weiter, der Weg steigt an und wird steiler und steiler, bis ich zu einer Anhöhe komme. Ich sehe eine Bank vor mir, auf die ich mich setze. Mein Blick fällt auf die Landschaft unter mir. Ich atme tief und lange aus. Plötzlich sehe ich vor mir eine durchsichtige Kugel, die eine kleine Öffnung hat.

≫——→ Und dann entscheide ich mich dafür, alles, was anstrengend für mich ist, in die Kugel zu packen. Ich lasse mir Zeit und überlege, was alles für mich zu viel ist. Ich packe alles, was mich anstrengt und antreibt, in die Kugel. Alles hat Platz. Ich überlege auch, was mir gestern zu viel war, und packe es in die Kugel. Und ich überlege, was mir heute zu viel sein wird, und packe auch das in die Kugel. Und dann reicht es. Die Kugel ist voll.

» ——→ Ich blicke um mich. Ich sehe das saftige Gras um mich herum. Mit Vorfreude stopfe ich erst ein kleines bisschen und dann mehr von den duftenden Halmen in die Öffnung der Kugel, um sie zu verschließen. Das erfüllt mich mit Freude. Ich arbeite sorgfältig und bin mit meiner Aufmerksamkeit ganz bei meinem Tun. Ich rieche das Gras. Liebevoll verschließe ich das Loch. Jetzt kommt der große Moment. Ich rolle die Kugel über die Böschung. Ich lasse los. Ich atme durch. Tief und fest. Und dann drehe ich mich um und gehe meines Weges. Ich fühle mich leicht und erfrischt und frei. Ich freue mich darauf zu erleben, wer oder was mir heute begegnen wird. Ich atme tief durch und fühle mich frei. Ich atme tief durch und fühle mich froh.

Sie können das jeden Tag visualisieren und damit jeden Tag das, was gestern zu viel war, loslassen, und auch vorbereitend das, wovon Sie heute vermuten, dass es Ihnen zu viel werden wird.

Tina geht den kommenden Tag im Geist durch. Heute geht es mit ihrem Nebenjob los. Sobald sie daran denkt, bekommt sie Magenschmerzen. Ihr fällt ihre Übung ein. In die Kugel kommen die Magenschmerzen, das Gefühl von »Müssen«, die Müdigkeit. Das Gefühl von Unzulänglichkeit und dann noch mal das Gefühl von Müssen. Ihr ist eingefallen, dass sie den Nebenjob nur hat, damit ihre Tochter mit den Freundinnen mithalten kann, das Mädchen will auch das teure Smartphone, das all die anderen haben. Tina atmet tief durch und packt auch gleich das Gefühl dazu, das sie andauernd hat: als Alleinerziehende untauglich zu sein. Die Kugel rollen zu lassen ist eine Wohltat.

»—→

Drittes Kapitel

Räumen Sie Ihren Weg frei: Starten Sie durch in eine freie Zukunft

In diesem Kapitel erfahren Sie:

Etwas über Ihren eigenen Weg

»———→

Wie Sie Ihre Mitte ermitteln

»———→

Wo Sie Platz für Ihre Lust
am Perfektionismus einbauen können

»———→

Wie Sie Ihren Perfektionismus
nutzen und einen Umsturz
vorbereiten können

I DO IT MY WAY

Im ersten Kapitel konnten Sie Ihren Status quo erfassen, im zweiten alle Möglichkeiten einer Veränderung ausloten, und ab jetzt dürfen Sie maßschneidern:
Was passt für Sie gut?
Was soll/kann/darf bleiben?
Wo sollte ausgemistet werden?

Sie besitzen Willenskraft und Anstrengungsbereitschaft und haben damit grundsätzlich gute Transporteigenschaften für Änderungswünsche und Leistungssteigerung. Die Frage ist: Wo ist der Einsatzort, und was und wie viel davon ist förderlich für Ihr Glück und Wohlbefinden?
Setzen Sie Ihre Kompetenzen für sich selbst ein. Sie haben erfahren: Es ist möglich, Lebens-Wertigkeiten für sich zu verändern. Sonst wäre Psychotherapie gar nicht möglich. Veränderung fällt im Extremfall oft leicht: Wenn wir lieben oder wenn wir krank werden, ändern wir unser Leben und suchen nach den Stellen der Überbeanspruchung, informieren uns, machen Kurse oder auch eine Therapie. Sinnvoll ist es natürlich, schon früher aktiv zu werden. Sie können Ihr Wohlbefinden mit sich selbst steigern und neue Wege, die zu mehr Lebensfreude führen, beschreiten. Ein Stück Ihres Perfektionismus darf bleiben, denn Sie wissen mittlerweile auch, wie gut Sie wirklich sind! Die Frage ist: Was und wie viel wovon soll und darf sein? Wie viel brauchen Sie für Ihre innere Not und Notwendigkeit und für Ihre Lust und Laune?

Was darf bleiben, was kann gehen?

DER WEG IST DAS ZIEL

Herr H. ärgert sich jedes Mal über die falsch herum liegenden Geldscheine, die seine Angestellten ihm bei der Abrechnung übergeben. Der Vater des Herrn H. war Bankangestellter. Für ihn war die Ordnung der Scheine beruflich entscheidend. Für Herrn H. ist es theoretisch Privatvergnügen und völlig egal, wie herum die Scheine liegen. Er selbst ärgert sich über seine nervigen Gedanken: »Mein Gott, ich bin ein Esel, warum mache ich das nur?« – und dennoch, immer wieder schimpft er aufs Neue über die Angestellten. Herr H. merkt, dass er nicht aufhören kann, auf die immer gleiche Art und Weise zu denken. Und das »Scheine-Gerade-rücken« kann er schon gar nicht lassen.

In einem solchen Fall ist es eleganter, sich zu akzeptieren, wie man ist, und einen neuen Fokus zu finden. Herr H. kann in Zukunft immer dann, wenn er die Scheine in der Hand hat, für den kurzen Moment des Sortierens liebevoll an seinen verstorbenen Vater denken. Er könnte sein »seltsam perfektionistisches« Verhalten als Wert für sich nutzbar machen.

Drehen Sie den Spieß um, und finden Sie etwas Gutes am Schlechten!

Wo ist also Ihre neue Mitte? Sie haben jetzt gemerkt, was Sie tun, wie Sie es tun, und vielleicht wissen Sie auch schon, warum. Ihr Bewusstsein ist geschult und Ihre Wahrnehmung geschärft. Vielleicht haben Sie auch gespürt, dass Sie bestimmte Verhaltensweisen gern behalten wollen und die anderen eher nicht. Es gilt nun, die neuen Pfade zu bedenken, wei-

tere Umstellungen vorzunehmen und wiederum zu ermitteln, wie es Ihnen damit geht.

Ziel ist Ihre persönliche Mitte, keiner außer Ihnen entscheidet, was für Sie passt. Den Raum für Ihre persönlichen perfektionistischen und nicht perfektionistischen Bedürfnisse bestimmen Sie. *Jetzt haben Sie die Chance, Ihr Ziel noch mal um die eigene Achse zu drehen. Wo wollen Sie hin? Setzen Sie sich realistische Ziele, reduzieren Sie sie noch ein bisschen, und versuchen Sie, sie zu erreichen.*

Mein Ziel und mein Weg dorthin:

_____

_____

_____

_____

_____

_____

SO WERDEN SIE FREI

1

Einpendeln

Sie haben es (mit diesem Buch) im wahrsten Sinne des Wortes in der Hand, Ihr Wohlbefinden zu ändern. Ein Stück Ihres Perfektionismus darf bleiben, denn Sie wissen mittlerweile auch, wie gut Sie wirklich sind! Was und wie viel wovon sein soll und darf, entscheiden Sie. Wie viel Sie für Ihre innere Not und Notwendigkeit und für Ihre Lust und Laune brauchen, ebenso.

2

Ermittlungen

Folgende Fragen helfen Ihnen zur Standortbeschreibung: Was gehört zu mir? Was ist davon wertvoll für mich? Was tue ich dafür und was nicht mehr? Mit wem will ich mich heute und in Zukunft vergleichen? Wann und wo kann ich mir das Leben erleichtern? Wo und wie finde ich Menschen, mit denen ich mich rundum wohlfühle? Was muss ich tun, um mir Glück zu sichern?

3

Meine Mitte

Gehen Sie davon aus, dass Ihre Mitte an anderer Stelle liegt als die anderer. Sie sind in vielem gut. Schulen Sie Ihre Wahrnehmung für Ihr Können, und programmieren Sie Ihre Gedanken um: Ich kann und ich verdiene … Ich verdiene Glück.

4

Platz für den Perfektionismus

Genießen Sie den Ertrag Ihres perfektionistischen Tuns heimlich oder ganz öffentlich. Ernten Sie! Nehmen Sie sich die Zeit für neue mentale Strategien: Reden Sie innerlich gut über sich. Hier dürfen Sie ganz perfektionistisch feilen, bis Ihnen jeder Satz, jede Fantasie, jeder Traum, jede Überlegung wirklich maßgeschneidert passen.

5

Nützlichen Perfektionismus nutzen

Sie sind im Besitz einer Wertanlage, deren Ertrag steigen kann: Geben Sie Ihrem Tun eine neue Bedeutung oder Aufgabe. Meditatives statt zwanghaftes Putzen: Ziehen Sie einen Nutzen aus Ihren Eigenschaften. Sie können sich lenken, mehr Gewinn zu erzielen: an Entspannung, Kraft, Werten und auch Geld.

6

Perfekter Umsturz

Was tun, wenn der Perfektionismus weg ist? Weniger Aufwand bringt Ihnen ein Mehr an Zeit. Fangen Sie lustvoll an zu überlegen, was Sie damit alles anfangen können, das unterfüttert Ihre Veränderungsmotivation.

AB DURCH DIE MITTE

Die folgenden Fragen können Ihnen helfen, Ihre Mitte genauer zu erfassen. Hier können Sie herausfinden, was Sie ausmacht und weiterhin ausmachen soll. Sie können die Fragen auch in regelmäßigen Abständen (zum Beispiel nach drei Monaten) immer wieder neu für sich beantworten. Sie befinden sich gerade in einem beweglichen Veränderungsprozess.

Wovon glaube ich, dass es »zu mir gehört«?

_____

_____

_____

_____

Was bin ich bereit, dafür zu tun oder zu opfern?

_____

_____

_____

_____

Und was davon stellt für mich einen Wert dar?

_____

_____

_____

_____

Was will ich nicht mehr?

_____

_____

_____

_____

Mit wem vergleiche ich mich?

Wo finde ich die entspannten und mich bereichernden Menschen?

_____

_____

_____

_____

_____

_____

_____

_____

Wie schaffe ich es, in einen Gleitflieger durchs Leben zu steigen?

Warum hat Gustav Gans immer Glück, und was kann ich von ihm lernen?

_____

_____

_____

_____

_____

_____

_____

_____

RAUM FÜR PERFEKTIONISMUS SCHAFFEN

Wann ist Ihr Perfektionismus gut für Sie? Zum Beispiel im Bewerbungsgespräch. Falls Sie nach einer Schwäche gefragt werden, kann es geschickt sein zu antworten: »Ich bin sehr perfektionistisch und immer um die besten Lösungen bemüht.« Und darüber hinaus? Wann kann man diese Angewohnheit noch brauchen?

PERFEKTIONISMUS-LUST-ENTDECKUNGSREISE

Bernard quält seine Freundin mit seinem Sauberkeitswahn. Sogar die Zahnbürste soll sie abtrocknen, wenn sie sie benutzt hat. Ich lege Wert auf Ordnung. Ich akzeptiere mich, wie ich bin, und weiß darum, dass das für mein Umfeld anstrengend sein kann. Ich stehe zu mir und freue mich über mein supersauberes Bad. Ich lasse meine Familie aus den drei größten und immer wiederkehrenden Streitpunkten raus und übernehme das (Zuschrauben der Zahnpastatube) selbst: genuss- und besonders lustvoll. Dafür fordere ich etwas an anderer Stelle ein.

»———→ Susa besucht ihre Freundin. Sarah ist ewig am Jammern, dass sie nichts auf die Reihe bekommt. Heute erklärt sie, dass sie vom Abwasch nur die Hälfte geschafft hat. Susa beobachtet, dass Sarah fast lustvoll ihr Versagen beschreibt. Jammern tut mir gut. Ich nehme mein Klagen bewusst wahr und freue mich, dass mir das guttut.

»———→ Viktoria checkt zum wiederholten Mal, ob sie auch alles für den Kundentermin dabeihat. Sie hat die Dateien auf einem Stick gespeichert, in der Cloud abgelegt und sich selbst auch als Mailanhang geschickt. Sie öffnet noch einmal ihre Handtasche, um nachzusehen, ob auch wirklich alles da ist, was sie braucht. Je mehr Zeit Viktoria braucht, umso mehr verspannt sich ihre Kollegin, die auf sie wartet. Viktoria scheint sich hingegen mehr und mehr zu entspannen. Mich abzusichern tut mir gut, egal, wie es den anderen dabei geht.

»———→ Julius erklärt, er sei der Einzige, der sich um genaue und ordentliche Ausarbeitung von Gutachten kümmere. Auch er scheint die Gelegenheit zu nutzen, im Kontrast zu anderen seine Leistungen

herauszustreichen. Ich lobe mich bewusst und freue mich über meine Kompetenzen.

Sie müssen es niemandem verraten, aber wann haben Sie ausschließlich gute Gefühle wie Lust, Freude oder positive Spannung in Bezug auf Ihr Tun? Sie können das für sich nützen:

Sie können den Lustregler ganz bewusst nach oben drehen. Gestehen Sie sich zu, dass es guttut. Und genießen Sie es endlich richtig. Das Zauberwort ist auch hier: Bewusstsein. Während Sie über eine Sache reden und sich zum Beispiel normalerweise beklagen, dürfen Sie innerlich grinsen und Spaß haben.
Sie dürfen sich weiterhin gut fühlen, wenn Sie bestimmte Kuchen mit in die Arbeit bringen, die besonders »tricky« und hochgelobt sind. Nur seien Sie sich bewusst, was Sie dadurch gewinnen: Zuspruch, Coaching, Lob.
Erspüren Sie bewusst, was Sie besser können als die anderen.
Seien Sie bewusst für ein paar Mal ganz genau – in allem, was Sie tun.

Nach einer Weile werden Sie merken, dass sich Ihre Gedanken und Verhaltensweisen ändern. Die innere Notwendigkeit und der Drang werden weniger und weniger.

*Leben Sie das,
was Sie tun, ganz bewusst!*

DER KLEINE UNTERSCHIED

Es gibt dennoch einen Unterschied zwischen den einzelnen perfektionistischen Einheiten. So mag es beispielsweise der Fall sein, dass Sie Stolz empfinden, wenn Ihre Fliesen schön glänzen. So Sie das Reinigen jedoch vor das Vorbereiten des Vortrags – den Sie am nächsten Tag halten müssen – stellen, wird die Freude nur wenige Sekunden anhalten und bei einem Blick auf die Uhr eher Bauchschmerzen Platz machen. Es ist mit Sicherheit löblich, dass Sie Ihr Auto selbst saugen und sich dafür eine volle Stunde Zeit nehmen. Falls Sie jedoch eigentlich vor 45 Minuten am familiären Mittagessen hätten teilnehmen sollen, nötigt Ihnen das Verhalten neue Stressbewältigungskreativität auf. Sie müssen sinnvolle Entschuldigungen erfinden – oder innerlich Ihren Partner dafür anklagen, dass er den Wagen nicht ordnungsgemäß gereinigt hatte. Wenn Sie gern Arbeit für andere übernehmen, bringt es Ihnen Zuneigungseinheiten, vergessen Sie darüber aber die Freude am Leben, stimmt etwas nicht. Behalten Sie die Zeit im Blick – damit aus Lust kein Frust wird.

MEINE EIGENE MITTE

Sie sind auf dem besten Weg, Ihre innere Mitte zu finden und ein gesundes Verhältnis aus Perfektion und Loslassen zu erschaffen. Manchmal nützt es, seine scheinbaren »Schwächen« umzumünzen und in etwas Positives zu verwandeln – Ihr inneres Gleichgewicht dankt es Ihnen.

»——→ Bernard hat es gern sehr ordentlich und sauber. Das soll auch so bleiben, hat er entschieden. Er hat gelernt, das Putzen für sich zu nutzen. Erstens dient es ihm als Achtsamkeitsübung. Das heißt, bestimmten Dingen widmet er sich noch genauer und intensiver. Durchs bewusste Saubermachen – im Gegensatz zum verheimlichten »Putzwahn« der Vergangenheit – fühlt er sich entspannter.

»——→ Susa nützt den Anblick der Stapel in ihrer Wohnung als Erinnerungshilfe, eine andere Verhaltensweise zu versuchen. Sie spürt in sich hinein, was sie braucht, und wenn ihr nach Jammern ist, jammert sie laut, aber alleine für sich und nimmt sich auf Tonband auf. Das hört sie sich im Anschluss an. Jedes Mal bekommt sie dadurch den Anschub, etwas anzupacken.

So sie realisiert, dass sie Erholung braucht, setzt sie sich zu einer Meditationsübung auf einen extra hierfür gekauften Sessel. Auch das gibt ihr die Kraft.

»——→ Viktoria möchte ihre »Überprüferitis« beibehalten. Sie hat festgestellt, dass das für sie der Schutzmantel ist, der ihr die Angst vor dem Vortrag nimmt. Sie setzt das mittlerweile bewusst ein. Ihre Kollegen und Kolleginnen bekommen davon nichts mehr mit. Sie kann das, was sie tut, richtig gut. Sie hat eine Gehaltserhöhung gefordert, weil sie deutlich mehr schafft als andere.

»——→ Julius hat erkannt, dass er tatsächlich die besten Gutachten schreibt. Er hat aber auch bemerkt, dass das langfristig sehr anstrengend ist. Daher lernt er die neuen Kollegen besser ein. Er hat sich von seinem Chef im Mitarbeitergespräch den offiziellen Titel als Ausbilder geholt.

»——→ Max erprobt sich in Verspätungen. Er versucht zumindest immer, wenige Minuten nach dem angegebenen Zeitpunkt erst vor Ort zu sein und das auszuhalten.

Er findet, dass Pünktlichkeit eine gute Eigenschaft ist, doch Überpünktlichkeit ist für alle anstrengend.

»⟶ Chris versucht in den Meetings, in denen wenig auf dem Spiel steht, auszutesten, was er verstanden hat, und sich auch eine nachträgliche Kurskorrektur zu erlauben. Er hat festgestellt, dass er meistens weiß, worum es geht. Er redet weniger, und seine Kollegen verdrehen die Augen in seinem Beisein seltener.

VERÄNDERUNG DES MITTEL-PUNKTES

Die Fragen, mit wem Sie sich vergleichen wollen, wo Sie den Gleitflieger durchs Leben finden und wie Sie entspannte Menschen identifizieren, zielten auf einen neuen Lebensmittelpunkt ab. Gehen Sie neue Wege, und begegnen Sie anderen Menschen.

Bisher hatten Sie zu hohe Ideale und verglichen sich mit Personen, die zu weit weg von Ihrer Lebensrealität waren. »Ich hätte durchaus ein Boris Becker werden können, wenn ich die richtige Förderung gehabt hätte.« Wir alle hätten, wären, könnten … haben wir aber nicht. Das heißt nicht, dass Sie nicht noch ein guter

Tennisspieler werden können, doch vergleichen Sie sich mit Ihrem direkten Lebensumfeld. Dafür spielen Sie sicher gut. Viele halten sich für unsportlich und sind doch sehr fit. Realisieren Sie, wo Sie fit sind. Viele Perfektionisten wählen Wege, die anstrengend und wenig ertragreich sind. Denken Sie darüber nach, wie Sie sich das Leben erleichtern können. Und der Grund, warum Gustav Gans immer Glück hat? Er geht davon aus, dass es sein Recht ist, Glück zu haben, und dass es zu ihm dazugehört. Auch Sie dürfen davon ausgehen, dass Sie Glück verdienen, und sich auf den Weg machen, mit offenen Augen die Goldstücke des Lebens aufzusammeln.

Es ist völlig in Ordnung, auf der Sonnenseite zu stehen!

ICH WILL SO BLEIBEN, WIE ICH BIN

Praxistipps

Meditatives Putzen

⭐ Nutzen Sie den Moment. Erledigen Sie die Dinge bewusst und darüber hinaus auch mit Genuss. Achtsamkeitstraining kann auch putzend oder schreibend praktiziert werden. Sie verbinden hiermit etwas, das Sie vielleicht sowieso gut und gern tun und sowieso auch tun müssen, mit etwas, was Sie entspannt und energetisiert. Ehe Sie anfangen, überlegen Sie allerdings bitte als Erstes, ob Sie mit Ihrem Vorhaben bewusst etwas anderes verhindern oder verzögern: Kontakt zu Mitmenschen, Emotionen aussprechen, eine Prüfung vorbereiten, die Steuer erledigen oder was auch immer. Vermeiden gilt nicht. So Sie das Vermeiden ausgeschlossen haben: Legen Sie los! Säubern Sie Ihr Auto, als hätten Sie es nie zuvor gesehen und als wäre es Ihnen das Wichtigste auf der Welt. Genießen Sie bewusst jeden Augenblick.

Stopp-Stapel

⭐ Nutzen Sie die Stapel oder das Verhalten, das Sie nicht mehr mögen, als Erinnerungshilfe. Das, was Sie stört, können Sie umprogrammieren. Es erinnert Sie nun an Ihr Ziel. Nehmen Sie wahr, was Sie tun. Sagen Sie stopp, und tun Sie stattdessen etwas ganz anderes: Nutzen Sie die Zeit für eine Kurzentspannungsübung oder eine Fantasiereise. Malen Sie ein Bild, oder legen Sie sich auf die Couch. Danach können Sie neu entscheiden, wie genau Sie sich verhalten wollen – und ob Sie nun noch aufräumen wollen oder nicht. Hierfür ist die Liste Ihrer Veränderungswünsche hilfreich, weil Sie sich leichter bei dem Verhalten erwischen können, das Sie gern ändern wollen. Sie können sich zusehen und innehalten und verändern oder auch beschließen, dass dieses Verhalten für Sie genau das Richtige ist.

Bleiben Sie mit allen Sinnen im Jetzt!

Sich selbst danken

⭐ Danken Sie sich dafür, was Sie sind. Sie haben große Mühen auf sich genommen. Sie haben sich angestrengt. Ihr ganzes bisheriges Leben lang haben Sie viel Aufwand betrieben. Danken Sie sich jeden Tag bei fünf schönen Gelegenheiten. Suchen Sie sich einen Spiegel, damit Sie sich auch sehen können, und dann schlüpfen Sie erst in die Rolle des Danksagenden: »Danke, dass du dich immer um alles so gut kümmerst!« Spüren Sie mit geschlossenen Augen nach, wie sich das anfühlt, was Sie sich gerade gesagt haben.

Setzen Sie eins drauf

⭐ Was können Sie aus Ihrem Können herausschlagen? Ein Entgegenkommen? Eine andere Aufgabe? Ein Geschenk? Eine Gehaltserhöhung? Eine Beförderung? Einen neuen Titel? Reduzierte Arbeitszeit? Gehen Sie es an, und fordern Sie es ein.

Die Netten zu mir

⭐ Sie können auch bei der Auswahl der Menschen, die Sie umgeben, mehr auf sich achten. Fangen Sie da, wo Sie gehen, stehen und sitzen, an. Achten Sie in öffentlichen Verkehrsmitteln auf Menschen, die positiv wirken. Setzen Sie sich dort hin und nicht neben diejenigen, die Ihnen unangenehm sind. Wer lächelt Sie an? Dort ist Ihr Platz.

Ich bin der Beste

⭐ Behandeln Sie sich auch so. Hofieren Sie sich selbst. Geben Sie das olle Geschirr und die uralten Handtücher zum Sperrmüll, und holen Sie das »für die besonderen Gelegenheiten« nach vorn. Werfen Sie alte Kleidungsstücke weg, und kaufen Sie sich neue. Gönnen Sie sich Ihren guten Geschmack, und setzen Sie ihn auch für sich ein.

Ich bin
DIESEN WEG GEGANGEN,
ich bin
jenen Weg gegangen,
DANN BIN ICH
MEINEN WEG
gegangen.

Chinesische Weisheit

DEN PERFEKTIONISMUS VOM PLATZ SCHUBSEN

Perfektionismus als Mechanismus, eine momentane Stimmung zu verändern, oder auch als gewohnte General-Reaktion? Das brauchen Sie nun nicht mehr. Räumt Ihr »Freund« das Feld, stellt sich die Frage: Was nimmt seinen Platz ein? Hier können Sie es sich genau überlegen:

Was mache ich, anstatt perfekt zu sein?

_____

_____

_____

_____

_____

_____

Stärken Sie die Lebensbereiche, die zum Wohlbefinden führen, ob im Beruf, im Hobby, beim Ehrenamt, beim Expertentum, in Situationen, in denen Sie Ratgeber sein können, bei positiven Rückmeldungen und Lob, beim Erstellen neuer Ziele, bei Spiritualität, in der Partnerschaft oder bei Freunden und in der Familie.

Wo finden Sie neue Quellen für Ihr Selbstwertgefühl? Welchen Bereich wollen Sie angehen?

_____

_____

_____

_____

Schaffen Sie einen Schonraum für den Perfektionismus!

Hier gibt es die neue Bedienungsanleitung für die Meisterschaft. Suchen Sie sich eine Sache aus. Sie interessieren sich für Spiritualität? Sie wollten immer schon Akkordeon spielen können? Inlineskaten? Krapfen backen? Japanisch lernen? Das Abitur nachholen? Schaffen Sie sich den Raum dafür, und dann nehmen Sie sich Zeit, um zu üben, und geben Sie sich Zeit, um Fortschritte zu machen. Schaffen Sie Platz für das bewusste Einüben von Dingen, auf die Sie schon immer Lust gehabt haben. Suchen Sie sich einen kleinen Teilbereich, der Ihnen noch nie Ruhe gelassen hat, und nehmen Sie sich die Zeit, sich darin fortzubilden. Gönnen Sie sich dann und wann das Gefühl, besser sein zu dürfen als ein anderer. Auch das kann eine Crux des Perfektionistischen sein: gelernt haben, gut sein zu müssen, und doch gleichzeitig nie jemanden zu überholen. Wer diesen Mechanismus in sich hat, hat das ewige Hamsterrad des »Nie-Ankommens« im Blut. Genießen Sie kleine Siege und Gewinne!

Hier habe ich Platz für Perfektionismus:

_____

_____

_____

_____

Hier will ich bewusst besser werden:

_____

_____

_____

_____

Wen darf ich überholen?

_____

_____

_____

_____

MITTEN-DRIN IM LEBEN

Übung

Sie haben nun langsam eine Vorstellung davon entwickelt, was Sie und Ihren persönlichen Perfektionismus ausmacht. Hier lernen Sie, den Kurs zu finden und beizubehalten, der Ihre persönliche Mitte stärkt.

Mein Mitte-Einschätzungsleitfaden

»——→ Nehmen Sie eine Schnur, und suchen Sie sich einen Ort, den Sie täglich benützen: die Dusche, die Ecke mit der Kaffeemaschine oder auch die Toilette. Dort spannen Sie straff eine Schnur mit einer Perle von rechts nach links. Stellen Sie die Perle jeden Tag neu ein. Wie gut liegen Sie gerade in Ihrer persönlichen Mitte? Können Sie schon in Pfützen springen und die Dreckspritzer aushalten? Wie viele Fehler trauen Sie sich zu?

Der neue Mitte-Ton

»——→ Weisen Sie im Handy denjenigen Personen neue Klingeltöne zu, die Sie in negativer Hinsicht aus Ihrer Mitte holen können. Das sind in aller Regel diejenigen, die selbst unter der Fuchtel des Perfektionismus stehen. Sie erzählen, was es alles zu tun und besser zu lassen gibt und was sie alles erreicht, umgesetzt oder geschafft haben. Der neue Ton kann Sie daran erinnern, sich nicht von der stacheligen Energie des anderen anstecken zu lassen.

Schönheitsgalerie der Mitte

»——→ Mut zur Hässlichkeit war das Thema der Handy-Fotos. Vielleicht haben Sie Lust, sich unabhängig von »schön« oder »nicht schön« bei etwas fotografieren zu lassen, das Sie wirklich in Ihrer neuen Mitte zeigt. Sie haben gerade Ihren Text mit Kommafehlern abgegeben, oder Sie sitzen mit einer Tasse Tee entspannt neben der Bügelwäsche ... klick!

Ein Gefühl von Mitte

»——→ Hören, sehen und jetzt – fühlen. Auf welche neue Art und Weise können Sie Ihre Mitte wahrnehmen? Tai-Chi? Qigong? Oder Yoga? Verfolgen Sie das Thema. Recherchieren Sie im Internet. Fühlen Sie hin, und er-mitteln Sie, was Ihnen guttut!

Die Mitte des Tages nützen

»——→ Es geht darum, die Stellen des Lebens zu nutzen, die sowieso zu Ihrer Verfügung stehen. Jeden Tag könnten Sie Ihre Mittagspause für sich verwenden. Stellen Sie Ihren Handywecker, damit Sie sich daran erinnern, dass Sie etwas verändern wollen: Legen Sie den Stift zur Seite, schieben Sie die Maus weg, und atmen Sie durch. Wozu haben Sie Lust? Wollen Sie meditieren, durchatmen, laufen gehen, an Ihrem Roman weiterlesen, sich mit Ihrem Mann verabreden – oder einfach nur (?) für sich und in Ruhe achtsam mit Muße Ihr Essen genießen.

Mitt-woch

»——→ An einem Tag der Woche – und warum nicht am Mittwoch – könnten Sie sich Ihrem Thema »Mitte« widmen. Verabreden Sie sich mit sich selbst. Vielleicht gönnen Sie sich etwas Besonderes. Oder Sie gehen nach der Arbeit in die Sauna und entspannen einfach Körper und Seele. Vielleicht hören Sie sich einen tollen Vortrag an oder gehen ein schönes Glas Wein an einem ungewöhnlichen Ort trinken, vielleicht besuchen Sie ein Museum und malen ein Bild ab, das Ihnen besonders gut gefällt. Installieren Sie ein Meeting mit sich selbst ... und an jedem Mittwoch planen Sie genussvoll den nächsten Mittwoch.

DAS PERFEKTE ENDE –
ENDE MIT DEM PERFEKTEN

Das Thema Perfektionismus zieht sich wie ein roter Faden durch unser aller Leben. In meiner Praxis und auch in meinem Privatleben höre ich oft Geschichten von Menschen, die alles doch einfach nur »gut« machen wollen. Dieser Wunsch ist der Lebensgefährte vieler. Gefüttert wird er vom Bedürfnis nach Liebe und Anerkennung. Es ist berührend, wie sehr sich alle bemühen.

ANHALTEN AUF DER ÜBER-HOLSPUR

Sie strengen sich mehr und mehr an, mit immer weniger und weniger Effekt, weil immer mehr zu tun, zu lernen und zu erreichen ist. Ziele und Vorhaben können immer seltener geschafft werden. Sie laufen ewig der Karotte nach, die vor Ihrer Nase hängt, ohne sie auch nur zu fassen zu bekommen. Das ist ein Zustand, der für unser Wohlbefinden eher ungünstig ist. Denn was wir wollen, ist, es zu schaffen und anzukommen! Wir können heute nicht mehr immer überall und in allen Bereichen gut oder gar super gut sein. Wir nehmen das wahr und verbuchen es oftmals auf das falsche Konto. Die Schuld wird nicht der Welt gegeben, so wie sie heute ist, sondern der eigenen Nase: »Ich bin ein Versager.«

Irgendwann geraten die meisten in eine innere Schleife zwischen Beinahe-Burnout und Zwangsregeneration. Sie überanstrengen sich. Sie werden krank. Sie nehmen sich vor, kürzerzutreten oder anders zu leben. Sie brechen wieder zusammen. Manchmal bemerken sie es noch und bremsen, sie nehmen sich eine Auszeit. Doch auch dieser Regenerationseffekt kann – einmal zurück im »normalen Leben« – schnell wieder verpuffen. Vorhaben (»Ich nehme mir mehr Zeit für mich!«) werden schnell wieder vergessen. Der alte Anspruch an sich selbst, trotz all der wachsenden Anforderungen, immer noch besser sein zu müssen, kehrt zurück. Das »Aber« tritt auf die Bühne.

⭐ Aber … ich muss doch informiert sein!

⭐ Aber … ich kann nicht einfach früher aus der Arbeit gehen!

⭐ Aber … ich muss sofort heim, sonst

habe ich ein schlechtes Gewissen meinen Kindern gegenüber!

Irgendwann geht es nicht mehr. Wir können bei all den brennenden und brennend neuen Themen nicht mehr überall ganz vorn dabei sein. Zwischen Elektroauto, Windows 10 und Faszien-Yoga geht uns irgendwann die Puste aus. Jede Woche kommen neue Trends, Lerninhalte und Lebensstilvorschriften dazu. Wir treffen (real oder virtuell) viel mehr Leute an einem Tag als unsere Vorfahren vor 200 Jahren in ihrem ganzen Leben. Diese Menschen haben Erwartungen und Wünsche und bringen einerseits Wissen, andererseits auch Belastung – allein durch die Anzahl der unterschiedlichen Inhalte – in unser Leben. Wir fühlen uns anfangs wohl mit vielen »Freunden«, bald aber siegt das Gefühl von Überlastung und Unfreiheit.
Perfektionismus wird einerseits von vielen als Kompetenz oder Qualität eingestuft. Höher, schneller und besser imponiert jedem irgendwie. Auf einer anderen Ebene befindet sich der Stress, der mit dem schönen Schein verbunden ist.

Stopp, steigen Sie aus!

Stellen Sie die richtigen Zusammenhänge her. Die Themen Burn-out und Stress sind immer wieder der Renner in Zeitungen und Zeitschriften. Das alles kann dramatisch klingen. Bei Licht besehen ist es eine Chance. Sie haben angefangen. Sie sind ausgestiegen. Sie leben ein Leben der freien Wahl und Entschleunigung.

ENDE GUT, ALLES BESSER

Was keiner beeinflussen kann, ist die Umwelt, den Charakter des Partners, die Chefin. Was wir alle beeinflussen können, ist unser Innenleben: unsere eigenen Empfindungen, Bewertungen und Erfahrungen. Sie haben es in Ihrer Hand, glücklich und frei zu leben. Behalten Sie den gewonnenen Abstand und den Raum und die Zeit, die Sie für sich gewonnen haben.

*Versuche nicht,
perfekt zu sein,
denn du bist es schon.*

ICH BIN PERFEKT

Sie sind jetzt einen neuen Weg gegangen. Lassen Sie sich unseren Eingangstest noch ein weiteres Mal auf der Zunge zergehen. Erkennen Sie sich wieder? Blättern Sie noch einmal zurück, und vergleichen Sie: Wo sind Sie angekommen? Streichen Sie doch auch hier an, was auf Sie zutrifft. Erkennen Sie die Veränderung?

Ich höre oft Komplimente und freue mich darüber. ⭐ *Ich mache vieles gut.* ⭐ *Ich kenne mich und meine Stärken.* ⭐ *Ich bin attraktiv.* ⭐ *Ich bin intelligent.* ⭐ *In der richtigen Umgebung kann ich sehr witzig sein.* ⭐ *Ich bin sportlich.* ⭐ *Ich bin kreativ.* ⭐ *Ich bin belesen.* ⭐ *Fehler sehe ich als Chance.* ⭐ *Ich verbessere mich, wenn ich Lust dazu habe.* ⭐ *Ich hole mir beizeiten Hilfe.* ⭐ *Ich gehe an, was ich mir vorgenommen habe.* ⭐ *Ich weiß, was ich besser kann als andere.* ⭐ *Ich bin aufmerksam.* ⭐ *Fehler anderer finde ich interessant, weil man daraus lernen kann.* ⭐ *Ich rede positiv mit mir und über mich und andere.* ⭐ *Ich bin nicht perfekt, und das ist gut so.* ⭐ *Ich habe keine Scheu, die Mühe, die ich mir gemacht habe, anderen gegenüber zu benennen.* ⭐ *Mein Partner findet mich entspannt.* ⭐ *Ich sehe das Positive.* ⭐ *Ich versuche, wertfrei zu denken.* ⭐ *Meine Kindheit liegt hinter mir.* ⭐ *Läuft es mal nicht so, wie ich will, versuche ich, das Beste daraus zu machen.* ⭐ *Kritik höre ich mir an und akzeptiere sie, oder ich weise sie auch zurück.* ⭐ *Fehler kann ich wahrnehmen, ohne sie zu benennen.* ⭐ *Das Mittelfeld im Leben ist auch ein schöner Platz.* ⭐ *Kritik bringt mich voran.* ⭐ *Ich werde gesehen in dem, was ich tue.* ⭐ *Was meine Eltern oder andere von mir erwarten, kann ich sehen, ohne mich dafür in der Verantwortung zu fühlen.* ⭐ *Ich finde Zeit für meine Wünsche und Träume.* ⭐ *Ich versuche, ein gutes Verhältnis von Aufwand und Leistung zu finden.* ⭐ *Spüre ich Beschämung, ziehe ich mich zurück und überlege, was geschehen ist und wie ich nett mit mir umgehen kann.* ⭐ *Nebensächlichkeiten haben ihren Platz: am Ende der Zeit.* ⭐ *Bekomme ich eine Absage, nutze ich die gewonnene Zeit für anderes.*

Ich liebe mich, wie ich bin,
und freue mich über mich.

GUT GENUG?

Nicht ausreichend?
Unzulänglich?
Oder eigentlich viel zu gut?
Haben Sie je daran gedacht,
Sie könnten zu gut sein?

ERLAUBEN SIE SICH, SIE SELBST ZU SEIN

Der folgende reale Fall zeigt, dass wir mit unserer Anstrengung, noch besser zu werden, nicht selten auf dem Holzweg landen:

Sarah hatte sich in Tobias verliebt, er sich aber nicht in sie. Schließlich war sie überzeugt, sie müsse sich für ihn interessanter machen. Gemeinsam mit einer Freundin entwarf sie einen Plan. Die beiden erfanden eine zusätzliche und scheinbar viel spannendere Sarah als die »normale«. Sie fingierten Telefonanrufe in Tobias' Anwesenheit, in denen zum Beispiel ein Regisseur um Mitwirkung in einem Film anfragte. Ein andermal tauchte ein weiterer eingeweihter Freund auf, der eine Einladung zu einer Podiums-diskussion einer politischen Partei überbrachte. So inszenierte und inszenierte sie mit ihren Freundinnen und Freunden verschiedene Szenarien, um sich interessant und interessanter zu machen. Doch Tobias hielt sich zurück.

Bei einem Jahre später zufällig stattfindenden Gespräch stellte sich heraus, dass ihm das, was er anfangs in der WG miterlebt hatte, schon viel zu anstrengend und viel zu stressig gewesen war und er sich deshalb nie für Sarah als Partnerin interessiert hatte. Es war ihm zu viel gewesen, und das Zuviel wurde immer mehr, je interessanter Sarah sich für ihn gemacht hatte.

Denken Sie immer daran, dass die anderen Sie vielleicht schon längst viel größer wahrnehmen als Sie sich selbst. Somit, glauben Sie daran:

Danke –
gut genug!

MEIN SCHÖNSTER UNPERFEKTER MOMENT

In dem richtigen Rahmen findet alles seinen Platz! Kleben Sie ein Foto von sich ein: ein lustiges Selfie, ein Bild, das Sie mit Ihren charmantesten Fehlern zeigt, mit zerstrubbelten Haaren, mit fleckigen Jeans − eine Abbildung eines ganz und gar nicht perfekten Moments ...

Falls Sie das Buch verschenken möchten, können Sie trotzdem Ihr eigenes Foto zeigen − und für andere sprichwörtlich Modell stehen.

ZUM WEITERLESEN

Bohne, Michael: *Feng Shui gegen das Gerümpel im Kopf. Blockaden lösen mit Energetischer Psychologie*. Rowohlt 2007
Weil … das Buch Sie ins mentale Entschlacken transportiert.

Ingrassia, Gabi: *Schluss mit dem schlechten Gewissen*. Kreuz 2011
Weil … es einen Partner des Perfektionismus beleuchtet.

Kingston, Karen: *Feng Shui gegen das Gerümpel des Alltags. Richtig ausmisten – Gerümpelfrei bleiben*. Rowohlt 2014
Weil … das Buch Sie zum Loslassen animiert.

Mayer, Heike: *Das seh ich entspannt. Wie Sie Gelassenheit entwickeln*. Scorpio Verlag 2016
Weil … Achtsamkeitsübungen Balsam für die Seele sind und uns heilen.

McBride, Karyl: *Will I Ever Be Good Enough? Healing the Daughters of Narcissistic Mothers*. Atria 2013
Weil … Frauen hier psychologische Hintergründe erfahren können (und Männer auch).

Wardetzki, Bärbel: *Souverän und selbstbewusst. Der gelassene Umgang mit Selbstzweifeln*. Kösel 2014 sowie viele weitere Werke der Autorin
Weil … hier weitere und andere Inspirationen auf Sie warten.

Winnemuth, Meike. *Das große Los*. btb 2014
Weil … Sie noch mehr Motivation bekommen, manches zu überdenken und zu verändern.

Haben Sie Fragen zum Thema oder Interesse an einer Arbeitsgruppe? Sie erreichen mich unter www.ingrassia.de.

BILDNACHWEIS

Alle Illustrationen in diesem Buch stammen von Martina Frank, München,
mit Ausnahme von S. 11: Shutterstock/Sharpner und S. 50: Shutterstock/Pavlenko

Alle Fotos: Shutterstock;
vordere Klappe: Andrii Muzyka, S. 24/25: tomertu, S. 48/49: ifz,
S. 50/51: Sofiaworld, S. 64/65: Jane Rix, S. 84/85: Sunny Studio
Hintergrundmotive: Shutterstock/Elmiral

© 2016 Scorpio Verlag GmbH & Co. KG, München
Umschlaggestaltung und Layout:
Favoritbuero, München
Umschlagmotiv: GettyImages/Carl Pendle
Satz: Nadine Clemens, München
Lektorat: Julia Feldbaum
Projektleitung: Heike Mayer
Druck und Bindung: Print Consult, München
ISBN 978-3-95803-077-0
Alle Rechte vorbehalten

Liebe Leserin, lieber Leser,
leicht geht's besser: Mit unserer Reihe *Leichter leben*
möchten wir Sie zu einem neuen Lebensgefühl
inspirieren und bei Veränderungsprozessen unter-
stützen. Alle Inhalte wurden gewissenhaft erstellt
und sorgfältig geprüft, die Übungsanleitungen und
Vorschläge haben sich in der Praxis bewährt.
Danke, dass Sie in eigener Verantwortung prüfen,
inwieweit Sie die Anregungen umsetzen möchten.
Eine Haftung für die Resultate vonseiten der Autoren
bzw. des Verlags und seiner Beauftragten ist
ausgeschlossen.

Mehr über unsere Bücher:
www.scorpio-verlag.de